SABINE OFFENBORN

111 Schonkost-Rezepte für Magen und Darm

Wohltuende Ernährung bei Verdauungsbeschwerden

humboldt

VORWORT

Liebe Leserinnen und Leser,

wenn bestimmte Lebensmittel, die Sie bislang gut vertragen haben, plötzlich zu Beschwerden wie Blähungen, Übelkeit, Durchfall oder Verstopfung führen, ist es an der Zeit, dass Sie Ihre Ernährung überdenken. Nicht selten rebellieren Ihr Magen und Ihr Darm gegen schlechte Essgewohnheiten – doch auch bestimmte Erkrankungen können es erforderlich machen, dass Sie Ihren Speiseplan genauer unter die Lupe nehmen.

Die Schonkost hilft Ihnen dabei, in Zukunft wieder ohne Beschwerden zu leben. Lange Zeit wurde der Begriff „Schonkost" in Kliniken für den sogenannten Kostaufbau nach Operationen oder zur diätetischen Behandlung bei Erkrankungen von Magen und Darm verwendet: Schonkost stand für eine Ernährungsform, bei der diese Organe entlastet werden sollten. Teilweise waren die Vorgaben dieser Kost sehr streng, und obwohl es den Betroffenen damit besser ging, war sie doch wenig abwechslungsreich und dementsprechend auf die Dauer wenig beliebt.

Heute gilt der Begriff Schonkost unter Ernährungsexperten als veraltet. Modernere Begriffe wie „leichte Vollkost", „besonders leicht verdauliche Kost" oder gar „gastroenterologische Basisdiät" haben sich durchgesetzt. Und auch inhaltlich hat sich seit den Zeiten von Haferschleim und Co. so manches geändert: Die leichte Vollkost gibt nicht nur Empfehlungen zur Lebensmittelauswahl, zu den Zubereitungsmethoden und dem Ernährungsverhalten, sie lässt auch individuelle Abwandlungen zu. Heute gilt: Alles, was vertragen wird, ist auch erlaubt!

Trotzdem: Der Begriff Schonkost hat sich gehalten und ist bis heute für viele Menschen der Begriff für Gerichte, die besonders

gut verdaulich sind und die Magen und Darm kaum belasten. Der Unterschied ist: Heute schmecken diese vielfältigen Gerichte genauso gut wie andere, so dass sie sogar für die ganze Familie zubereitet werden können – und keiner merkt es!

In diesem Buch lernen Sie, warum manche Lebensmittel und Ernährungsgewohnheiten zu Verdauungsproblemen führen. Seit vielen Jahren berate ich in meiner Praxis für Ernährungstherapie Menschen mit verschiedenen Erkrankungen des Magen-Darm-Trakts sowie Lebensmittel-Unverträglichkeiten und -allergien und kann Ihnen – neben theoretischem Wissen – viele wertvolle Tipps für die praktische Umsetzung bei Planung, Einkauf, Kochen und Essen geben.

Für meine Rezepte sind keine außergewöhnlichen oder schwer zu beschaffenden Lebensmittel notwendig. Auch besondere Küchenkenntnisse sind nicht erforderlich. Meine Tipps für Ihr Ernährungsverhalten lassen sich leicht zu Hause und unterwegs umsetzen – schließlich sollte eine gesunde Ernährung heute überall funktionieren!

Ich wünsche Ihnen viel Freude beim Nachkochen und einen guten Appetit!

Ihre

Staatlich geprüfte Diätassistentin

SCHONKOST – DAS SOLLTEN SIE WISSEN

Es ist nicht egal, was wir essen: Unsere Nahrung hat einen Einfluss auf unser Wohlbefinden und unsere Gesundheit. Wie sie von unserem Körper verarbeitet wird und welche Bestandteile sie umfassen sollte, erfahren Sie im Folgenden. Außerdem erhalten Sie Tipps zur richtigen Ernährung bei Beschwerden und lernen die geeigneten Nahrungsmittel dafür kennen. Tipps und Regeln zur problemlosen Umstellung auf die leichte Vollkost runden das Kapitel ab.

Was mit der Nahrung in unserem Körper passiert

Wenn Sie genussvoll in ein Käsebrötchen beißen, ist Ihnen nicht unbedingt bewusst, was wohl mit dem Brötchen auf der Reise durch Ihren Magen und Darm passiert. Tatsächlich lohnt es sich aber, darüber nachzudenken, denn nicht alle Menschen vertragen so ein Käsebrötchen gleich gut. Die Auswahl der einzelnen Bestandteile eines Brötchens trägt dazu bei, wie gut oder weniger gut es mit unserer Verdauung läuft. Wir können uns entscheiden: helles Brötchen oder Vollkornbrötchen, fettreicher oder fettarmer Käse, mit Tomate und Salatblatt oder ohne Tomate und Salatblatt, Streichfett unter dem Käse oder lieber nicht. All das beeinflusst den Verdauungsvorgang. Entweder unterstützt unsere Nahrung eine gute Verdauung oder sie behindert diese.

Jeder Mensch tickt etwas anders. So unterscheiden wir uns auch in den unterschiedlichen Verdauungstypen voneinander. Der eine neigt eher zur Verstopfung, der andere eher zum Durchfall. Manche plagen sich nach dem Essen mit Blähungen herum, andere verspüren immer wieder Übelkeit oder Sodbrennen. Manchmal ist die Situation so verzwickt, dass der Magen scheinbar auf alle möglichen Lebensmittel gereizt reagiert. So wie jeder Verhaltenstyp seine Vorlieben hat und darauf achten sollte, was ihm guttut, so hat auch jeder Verdauungstyp seine Zu- oder Abneigung gegenüber Lebensmitteln und braucht die richtige Auswahl, damit es ihm gut geht.

> **!**
>
> Jeder Verdauungstyp hat seine Zu- oder Abneigung gegenüber Lebensmitteln und braucht die richtige Auswahl, damit es ihm gut geht.

Im besten Fall läuft alles glatt. Im Mund wird das Brötchen mit Hilfe der Zähne gründlich zerkleinert und auf die Verdauung vorbereitet. Gründlich meint wirklich gut gekaut, denn der Magen hat keine Zähne. Deshalb heißt es so schön: Gut gekaut ist halb verdaut. Für unser Brötchen bedeutet das: Bereits der Speichel startet die Verdauung der Kohlenhydrate (Brötchen, Tomate oder Salatblatt). Im Magen wird durch die Magensäure die Eiweißverdauung (Käse) vorbereitet. Die Bewegung des Magens durchmischt den Nahrungsbrei und gibt alles weiter an den Dünndarm.

Unser Dünndarm umfasst eine Strecke von drei bis sechs Metern und ist in drei Segmente aufgeteilt, der Zwölffingerdarm befindet sich mit 25 bis 30 Zentimetern Länge gleich am Anfang. Er kann Gallensäure und Verdauungsenzyme aus der Bauchspeicheldrüse aufnehmen. Die Gallensäure sorgt dafür, dass die Fette (Streichfett und Käse) in kleine Fett-Tröpfchen zerkleinert werden, um später im weiteren Dünndarm besser aufgenommen zu werden. Die Enzyme aus der Bauchspeicheldrüse spalten Kohlenhydrate, Fette und Eiweiße nochmals in kleinere Fragmente, damit diese durch die Dünndarmschleimhaut besser in die Blutgefäße aufgenommen werden können.

In den anderen beiden Abschnitten des Dünndarms werden dann fast alle Bestandteile aus der Nahrung aufgenommen: Fette, Eiweiße, Kohlenhydrate für die Energiegewinnung und den Aufbau unseres Körpers, Vitamine, Mineralstoffe, Spurenelemente und sekundäre Pflanzenstoffe für alle wichtigen Stoffwechselvorgänge.

Alle Nahrungsbestandteile, die im Dünndarm nicht aufgenommen werden, werden weiter in den Dickdarm geschoben. Unser Dickdarm ist etwa 1,5 Meter lang. Er steigt auf der rechten Seite auf bis unter den Rippenbogen, verläuft quer zur linken Seite und steigt dort wieder ab. Abschließend macht er zwei enge Kurven, am Schluss steht der Ausgang. Der Dickdarm zieht das Wasser und weitere Mineralstoffe aus dem restlichen Speisebrei heraus und dickt durch den Wasserentzug den Stuhl ein. Die enthaltenen Ballaststoffe dienen zum Teil den Dickdarmbakterien als Nahrung oder sie werden ausgeschieden. Ein- bis dreimal am Tag, bei einigen Menschen auch nur alle drei Tage, bewegt sich die Muskulatur des Dickdarms in einer Welle vom Anfang bis zum Ende durch, und der Stuhl wird abgesetzt: Das Käsebrötchen bzw. was davon noch übrig ist, verlässt den Magen-Darm-Trakt wieder.

Regelmäßige und ballaststoffreiche Mahlzeiten sorgen dafür, dass der Verdauungsvorgang gleichmäßig und ohne Probleme läuft. Leider ist das aber nicht immer der Fall. Bei manchen Menschen macht das Essen Probleme. Dafür gibt es ganz unterschiedliche Gründe, die Sie auf den nächsten Seiten kennenlernen werden.

!

Regelmäßige Mahlzeiten tragen maßgeblich zu einer guten Verdauung bei.

Die richtige Ernährung – ausgewogen und gesund

Mit den Lebensmitteln, die wir täglich essen, nehmen wir gleichzeitig wichtige Nährstoffe auf:

- Sie versorgen uns mit Energie durch Kohlenhydrate, Eiweiß und Fett.
- Sie liefern uns Bau- und Hilfsstoffe für die Erhaltung aller Körperzellen durch Vitamine, Mineralstoffe, Spurenelemente und sekundäre Pflanzenstoffe.
- Sie bringen uns Wasser für ausreichend Flüssigkeit in unserem Körper.
- Sie haben genügend Ballaststoffe, um den Darm zu trainieren und dadurch gesund zu erhalten.

Zu den energieliefernden Nährstoffen zählen wir Eiweiß, Fett und Kohlenhydrate. Andere Nährstoffe wie Ballaststoffe, Wasser, Vitamine und Mineralstoffe liefern keine Energie, sind aber für unzählige Stoffwechselvorgänge unverzichtbar.

Eiweiß

Eiweiße, auch Proteine genannt, sind ein wichtiger Bestandteil unseres Körpers. Aus ihnen werden Haare, Haut, Muskeln, Organe und Enzyme zusammengesetzt. Um genügend Proteine für diese Aufgaben zur Verfügung zu haben, ist es wichtig, jeden Tag ausreichend Aminosäuren (Bausteine der Proteine) mit der Nahrung zu sich zu nehmen. Dabei sollten pflanzliche und tierische Nahrungsquellen gewählt werden. Eiweiße bestehen aus verschiedenen Aminosäuren, und in pflanzlichen Lebensmitteln kommen zum Teil andere Aminosäuren vor als in tierischen Lebensmitteln. In der Kombination sind sie für unseren Körper am besten zu verwerten.

> **!** In pflanzlichen Lebensmitteln kommen zum Teil andere Aminosäuren vor als in tierischen Lebensmitteln.

Die Aufgabe der Eiweiße, den Organismus zu erhalten, ist so wichtig, dass die Gewinnung von Energie aus eiweißreicher Nahrung bei normaler Stoffwechsellage nicht an erster Stelle steht. Energie können wir einfacher aus Kohlenhydraten und Fetten zu uns nehmen.

Gute Eiweißlieferanten

Tierische Quellen:

- Fleisch, Geflügel, Fisch und Eier
- Milch und Milchprodukte

Pflanzliche Quellen:

- Hülsenfrüchte, z. B. Soja, Linsen, Erbsen
- Hirse, Amarant, Quinoa
- Nüsse und Samen
- Brot, Getreide und Getreideprodukte

Eiweißreiche Lebensmittel gehören in jede Mahlzeit. Sie verweilen länger im Magen als die Kohlenhydrate und machen uns deshalb länger satt: Milch, Joghurt oder Quark zu Müsli und Obst; Käse oder fettarmer Aufschnitt mit Gemüse aufs Brot; Fleisch oder Fisch mit Gemüse zu Kartoffeln, Reis oder Nudeln: Eiweißhaltige

Lebensmittel machen das Essen zu einer vollwertigen Mahlzeit. Gesäuerte Milchprodukte wie Joghurt und Buttermilch sind in der leichten Vollkost von besonderer Bedeutung. Sie sorgen für eine gleichmäßige Aufnahme der Nahrung im Dünndarm.

Fette

Fette (Lipide) haben unterschiedliche Aufgaben in unserem Organismus. Sie sind sehr gute Energielieferanten, weil sie doppelt so energiereich wie Kohlenhydrate oder Eiweiß sind. Fette können als Energiereserve in den Fettzellen gespeichert werden. Sie werden für den Aufbau von Hormonen genutzt und sind Bestandteil unserer Blutkörperchen und Zellwände. Fette bilden eine Schutzschicht um unsere Organe, die sie bei Stößen vor Verletzungen schützt. Auch unter der Haut bilden sie eine Fettschicht, die uns vor Kälte schützt.

!

Alle Fette helfen dabei, die fettlöslichen Vitamine besser im Darm aufzunehmen.

Alle Fette helfen dabei, die fettlöslichen Vitamine besser im Darm aufzunehmen. Das Fett und die fettlöslichen Vitamine A, D, E, K in den Nahrungsmitteln verbinden sich im Darm, und die fettlöslichen Vitamine werden mit dem Fett in der Darmschleimhaut aufgenommen. Fett trägt als „Schmierstoff" dazu dabei, dass die Nahrung zügiger durch den Verdauungstrakt geschoben wird und hilft auf diese Art bei Verstopfung. Unsere täglichen Mahlzeiten sollten also nicht unbedingt mager sein.

Gute Fettlieferanten

Tierische Quellen:

- Fleisch, Geflügel, Kaltwasserfisch und Eier
- Schmalz, Butter
- Aufschnitt, Käse, Milchprodukte

Pflanzliche Quellen:

- Pflanzenmargarine, Öle
- Nüsse und Samen

Besonders gut verträglich sind Fette mit mittellangen Fettsäureketten wie MCT-Fette und Kokosfett, denn sie brauchen keine Gallensäuren, um im Dünndarm aufgenommen zu werden. Diese sind aufgrund ihrer Struktur jedoch nicht gesundheitsfördernd, ihr hoher Gehalt an gesättigten Fettsäuren kann bei zu hoher Aufnahme sogar gesundheitsschädlich sein. Ich empfehle Ihnen, beispielsweise Kokosfett nur dann zu verwenden, wenn etwas sehr hoch erhitzt werden muss: Dafür ist es aufgrund seines hohen Rauchpunktes gut geeignet. Deutlich gesünder sind Pflanzenöle, Nüsse, Soja und fettreiche Kaltwasserfische (Hering, Lachs, Makrele, Thunfisch): Sie enthalten Omega-3- und Omega-6-Fettsäuren. Diese essentiellen Fettsäuren spielen für unsere Gesundheit eine wichtige Rolle, da sie unter anderem Entzündungen im Körper regulieren.

Kohlenhydrate

Kohlenhydrate dienen uns vor allem als zuverlässige Energielieferanten. Der einfache Zucker (Traubenzucker, Fruchtzucker) ist ein schneller Sattmacher. Er ist leicht zu spalten und bringt uns in kurzer Zeit reichlich Energie und Wärme.

!

Kohlenhydrate sind unsere wichtigsten Energielieferanten.

Ballaststoffreiche Lebensmittel wie Gemüse, Obst, Vollkornprodukte und Stärke sorgen dafür, dass wir auch für einen längeren Zeitraum satt sind. Während der Zucker nach kurzer Zeit verbrannt ist, kann aus Stärke und ballaststoffhaltigen Lebensmitteln für mehrere Stunden Energie bereitgestellt werden. Die Kohlenhydratketten der ballaststoff- und stärkereichen Lebensmittel werden langsamer im Magen und Darm aufgespalten und sorgen dadurch für einen gleichmäßigen Anstieg des Blutzuckers.

Die langsamere Weiterleitung dieser Kohlenhydrate ist auch bei der leichten Vollkost ein wichtiger Faktor. Unser Dünndarm mag es durchaus lieber, wenn er Zeit hat, die Nährstoffe aufzunehmen. Wenn der gesamte Zucker in Form von süßer Limonade oder Obstsaft wie ein Wasserfall über den Dünndarm stürzt, fließt

!

Zucker in Form von süßer Limonade oder Obstsaft gelangt in den Dickdarm und sorgt dort bei empfindlichen Menschen für Blähungen und Durchfall.

viel an den Dünndarmzotten vorbei. Der Zucker gelangt in den Dickdarm und sorgt dort bei empfindlichen Menschen für Blähungen und Durchfall.

Bestimmte Ballaststoffe wie die aus Gemüse und Obst können aufgrund ihrer Form nicht im Dünndarm resorbiert werden. Sie gelangen ebenfalls in den Dickdarm, sind dort aber herzlich willkommen, denn sie dienen den Dickdarmbakterien als Nahrung. Das macht sie für unsere Darmgesundheit so wichtig, denn die Darmbakterien sind Teil unseres Immunsystems.

Andere Ballaststoffe aus Apfel, Beeren, Karotten, Hafer und Gerste sind wasserlöslich. Sie haben die Eigenschaft, besonders viel Wasser aufzunehmen, und rutschen so besser durch den Darm als andere Ballaststoffe. Dieser Effekt kann bei Menschen mit Verstopfung hilfreich sein und bremst durch die gute Flüssigkeitsaufnahme auch den Durchfall.

Gute Kohlenhydratlieferanten

Pflanzliche Quellen:

- Getreide, Getreideprodukte wie Flocken, Mehl, Stärke
- Hirse, Grünkern, Dinkel, Gerste, Bulgur
- Gemüse und Obst
- Hülsenfrüchte
- Milch
- Saft, Zucker

Tierische Lebensmittel enthalten übrigens viel weniger Kohlenhydrate als pflanzliche, da Tiere, wie wir Menschen auch, ihre Energie vorwiegend in Form von Fett speichern. Eigenschaften wie Energielieferung oder Stoffwechselaufgaben sind für die leichte Vollkost übrigens nicht relevant. Vielmehr ist wichtig, wie gut diese von Magen und Darm vertragen werden.

Wie Sie ernährungsbedingte Beschwerden vermeiden

Ein Wort voraus: Die Umstellung der Ernährung auf eine Schonkost bzw. leichte Vollkost ist keine Therapie. Sie heilt keine Erkrankungen und hilft nicht bei Lebensmittelintoleranzen oder Lebensmittelallergien. Die leichte Vollkost kann aber helfen, Beschwerden, die bei manchen Menschen durch Lebensmittel verursacht werden, durch eine gezielte Auswahl der Lebensmittel und Garmethoden zu verhindern.

Die im Folgenden aufgeführten Beschwerden treten oft durch ungeeignete Lebensmittel, Garmethoden und Ernährungsgewohnheiten auf. Wenn Sie unter solchen Beschwerden leiden und etwas an Ihrer Ernährung verändern möchten, lohnt sich für Sie die Ernährungsumstellung auf die leichte Vollkost. So können Sie mit einem guten Bauchgefühl das Essen genießen.

Verstopfung und Blähungen

Eine „normale" Stuhlgangfrequenz reicht von ein bis drei Toilettengängen am Tag bis zu alle drei Tage ein Toilettengang. Wer seltener aufs Klo muss oder Beschwerden beim Stuhlabsetzen hat, weil der Stuhl sehr fest ist und Schmerzen verursacht, sollte sicherheitshalber vom Arzt abklären lassen, ob es sich um eine funktionelle Störung handelt oder ob eine organische Erkrankung der Grund für die Verstopfung ist.

Bei einer Funktionsstörung des Darms kann Ihnen die Umstellung der Ernährungs- und Lebensgewohnheiten helfen, Ihren Darm wieder auf Trab zu bringen. Je länger der Speisebrei im Darm verweilt, umso mehr Wasser wird ihm wieder entzogen. Das bedeutet, umso schwieriger wird es, den Stuhl schmerzfrei auszuscheiden. Gleichzeitig wird durch die Darmbakterien immer mehr Luft produziert, die sich dann ebenfalls im Darm festsetzt und Schmerzen verursacht, weil sie schlecht entweichen kann. Verstopfungen und Blähungen können im Alltag sehr störend und unangenehm sein. Wenn Sie es schaffen, den Darm mit der richtigen Lebensmittelauswahl und Bewegung wieder zu aktivieren, können Sie sich über einen deutlich flacheren und entspannten Bauch freuen.

Was Sie tun können

!

Ballaststoffe sind ein gutes Krafttraining für den Dickdarm.

Ballaststoffe nehmen viel Flüssigkeit auf und quellen, bis sie das Mehrfache ihres Volumens erreicht haben. Im Darm erhöht sich so der Druck auf die Außenwände des Dickdarms. Durch den Druck kann die Muskulatur besser arbeiten und den Speisebrei zügig vorwärts transportieren. Ballaststoffe sind also ein prima Krafttraining für den Dickdarm.

Die Deutsche Gesellschaft für Ernährung (DGE) empfiehlt gesunden Menschen, mindestens 30 Gramm Ballaststoffe täglich mit den Mahlzeiten aufzunehmen. Das lässt relativ leicht umsetzen, wenn Sie täglich mindestens drei Portionen (drei Handvoll) Gemüse oder Hülsenfrüchte und zwei Portionen Obst essen. Zusätzlich sollten bei den Beilagen häufig Vollkorngetreideprodukte gewählt werden. Sogar bei den Snacks gibt es ballaststoffreiche Varianten: Nüsse, Kerne und Trockenobst enthalten viele Ballaststoffe.

Tauschtabelle für Ballaststoffe

BALLASTSTOFFARM	BALLASTSTOFFREICH
Cornflakes	Basismüsli
Buttertoast	Vollkorntoast
Mischbrot	Vollkornbrot
heller Reis	Quinoa
Blattsalat	Karottensalat
Spinat	Rotkohl
Apfelsaft	Apfel
Banane	Ananas
Erdnussflips	Nüsse
Gemüsesuppe	Linseneintopf
Vanillepudding	Rote Grütze

Sollten Sie von heute auf morgen Ihre Ernährung von einer ballaststoffarmen auf eine ballaststoffeiche Ernährung umstellen, müssen Sie damit rechnen, dass der Darm eine Zeit der Eingewöhnung benötigt. Wenn es erst einmal zu vermehrten Blähungen kommt, hören Sie nicht gleich erschrocken wieder auf mit Müsli und Co., sondern greifen Sie weiterhin zu den leckeren Gemüsesorten: Nach einer Weile hat sich Ihr Darm daran gewöhnt, kräftiger zu arbeiten, und der Nebeneffekt verschwindet wieder.

Haferflocken, Gerste, Leinsamen, Karotten, Äpfel, Birnen und Beerenfrüchte enthalten besonders viele wasserlösliche Ballaststoffe. Sie bilden eine Art Gelee und verhelfen zu einem zügigen Transport der Nahrung durch den Darm, weil sie so besser „rutscht“.

Milchsäurebakterien aktivieren den Darm und helfen gegen Blähungen, indem sie die gesunden Darmbakterien unterstützen. Milchsaures eingelegtes Gemüse wie Sauerkraut ist ein Tipp aus

Großmutters Zeiten und findet seit einigen Jahren wieder Einzug in die Regale unserer Supermärkte. Näheres dazu und wie Sie es sogar selbst herstellen können, finden Sie im Abschnitt „Wertvolle Milchsäurebakterien“ auf Seite 39.

!

Ob aufs Brot oder zum Gemüse und Obst, immer sollte auch etwas Fett dabei sein.

Ob aufs Brot oder zum Gemüse und Obst, immer sollte auch etwas Fett dabei sein: Frischkäse und Streichfett für die Stulle, Joghurt und Quark mit mittlerer Fettstufe zum Obst und Pflanzenöl zum Gemüse. Der Darm benötig etwas Schmierstoff, um gleichmäßig arbeiten zu können!

Ballaststoffe wollen stark aufquellen, dafür benötigen sie viel Flüssigkeit. Wenn Sie Ihre Ernährung auf eine ballaststoffreiche Ernährung umstellen, müssen Sie eventuell auch die tägliche Trinkmenge erhöhen. Wer zwar Vollkornprodukte isst, aber nicht ausreichend dazu trinkt, wird merken, dass die Ballaststoffe zu einem trockenen Klumpen im Darm werden – und das führt ebenfalls zu Verstopfung. Die Trinkmenge sollte also bei mindestens zwei Litern täglich liegen, um Verstopfungen vorzubeugen!

Wasser, Mineralwasser, ungesüßte Kräuter- und Früchtetees und Saftschorlen sind gut geeignet, um ausreichend Flüssigkeit über den Tag aufzunehmen. Kaffee, schwarzer oder grüner Tee haben auch auf den Darm eine anregende Wirkung und sind in einer Menge von drei bis fünf Tassen pro Tag durchaus geeignet. Milchgesäuerter Sauerkrautsaft oder Kombucha-Tee bringen den Darm ebenfalls in die Gänge.

!

Wenn Sie keine Milchprodukte vertragen, sollten Sie darauf achten, dass in den Ersatzprodukten die Milchsäurebakterien Laktobazillus und Bifidobakterium enthalten sind.

Sauermilchprodukte reichern die Milchsäurebakterien im Darm an. Sie sind das Mittel der Wahl gegen Verstopfung und Blähungen. Frische gesäuerte Milchprodukte kommen am besten täglich zu den Mahlzeiten mit auf den Tisch: Buttermilch, Kefir, Dickmilch, Joghurt oder saure Sahne sind die richtigen Begleiter für jede Mahlzeit. Übrigens: Erhitzte Milchprodukte wie H-Milch oder Joghurts, die sehr lange haltbar gemacht wurden, enthalten diese gesunden Bakterien nicht. Und: Wenn Sie keine Milchprodukte vertragen, sollten Sie darauf achten, dass in den Ersatzprodukten wie Sojaghurt die wichtigen Milchsäurebakterien Laktobazillus und Bifidobakterium enthalten sind.

Durchfall

Bei mehr als fünf Toilettengängen täglich und einem Stuhlgang, der nicht geformt, sondern eher weich bis flüssig ist, spricht man von Durchfall. Verschwindet dieses Problem nach einem bis drei Tagen wieder, ist das meist kein größeres Problem. Dauern diese Beschwerden allerdings länger an, sollten Sie durch eine Untersuchung beim Arzt feststellen lassen, ob es sich eventuell um eine Lebensmittelunverträglichkeit oder um eine Darmerkrankung handelt. Liegt keine chronische Darmerkrankung vor oder liegt der Grund für den Durchfall in einer funktionellen Störung (etwa durch eine Antibiotikatherapie oder einen bakteriellen Infekt), so kann eine Umstellung der Ernährungs- und Lebensstilgewohnheiten deutlich zur Verbesserung beitragen.

Was Sie tun können

Um Durchfall zu vermeiden, sollten die wasserlöslichen Ballaststoffe einen großen Anteil der Ballaststoffe in der Nahrung ausmachen. Wasserlösliche Ballaststoffe haben die Eigenschaft, viel überschüssige Flüssigkeit aufzunehmen und aus dem Darm zu befördern. Sie dicken den Stuhl ein und stoppen den zu schnellen Transport des Nahrungsbreis durch den Verdauungstrakt. Bei den Getreideprodukten helfen Brote und Brötchen, die aus Vollkorn bestehen, aber trotzdem fein vermahlen sind. Für ein Müsli empfiehlt es sich, zu Hafer und Gerste zu greifen. Besonders die Haferkleie enthält einen hohen Anteil an wasserlöslichen Ballaststoffen, sogenannten beta-Glucanen.

Flohsamenschalen, Flohsamen, gelbe und braune Leinsamen und Chiasamen lassen sich in Müsli, Joghurt, auf Salate, in Brot und Brötchen einbacken oder über die Suppe streuen. Sie sind die Stars unter den wasserlöslichen Ballaststoffen und gehören unbedingt mit auf den Teller! Am besten fügen Sie sie nach und nach in kleinen Portionen zu Ihren täglichen Mahlzeiten hinzu. So finden Sie am sichersten heraus, wie viel von den wasserlöslichen Ballaststoffen überhaupt notwendig ist, um einen gut geformten Stuhlgang zu bekommen. Vielleicht erst einmal einen Teelöffel Leinsamen oder Flohsamen zum Müsli morgens, dann am Abend über die Suppe oder in den Salat einen Teelöffel, und wenn noch mehr benötigt wird, um den Durchfall zu stoppen, zum Mittag noch einen Teelöffel Flohsamenschalen (sie sind besonders fein und gut löslich) in den Joghurt.

Bei Gemüse und Obst lautet die Empfehlung für eine gesunde Zufuhr genau wie bei gesunden Menschen auch: mindestens fünf Portionen Gemüse und zwei Portionen Obst. Bitte nicht als Gemüsesaft oder pure Obstsäfte, sondern besser in ihrer ursprünglich gewachsenen Form und gründlich gekaut. Wenn Sie es vertragen, essen Sie das Gemüse roh; gedünstet oder aus der Pfanne ist es jedoch besonders gut zu verdauen. Besonders beim Obst sollten Sie auf die wasserreichen Sorten wie Trauben, Beeren und Melone verzichten. Trockenobst in kleinen Mengen ist gut geeignet – und vor allem Nüsse, besonders wenn sie gemahlen sind.

!

Stilles Wasser, ungesüßte Kräuter- und Früchtetees sowie Aromawasser sind die besten Durstlöscher.

Die tägliche Trinkmenge sollte nicht zu hoch liegen und zwei Liter nicht überschreiten. Stilles Wasser, ungesüßte Kräuter- und Früchtetees sowie Aromawasser sind die besten Durstlöscher. Kaffee und schwarzen sowie grünen Tee sollten Sie nur in kleinen Mengen bis zu drei Tassen am Tag zu sich nehmen. Und: Lassen Sie Fruchtsäfte oder Getränke mit Zucker und Sirup vollständig weg!

Milch und Milchprodukte als Sauermilchprodukte helfen, unsere Darmflora (auch Mikrobiom genannt), die sich aus den Barmbakterien zusammensetzt, wieder ins Gleichgewicht zu bringen. Durchfälle bewirken nämlich leider auch, dass die Darmbakterien mit ausgeschieden werden. Mit den Sauermilchprodukten können wieder gesunde Bakterien im Darm angesiedelt werden. Buttermilch, Kefir, Dickmilch, Joghurt, Quark oder saure Sahne sind die richtigen Begleiter für jede Mahlzeit. Erhitzte Milchprodukte wie H-Milch oder Joghurts, die sehr lange haltbar gemacht wurden, enthalten diese gesunden Bakterien nicht. Auch hier gilt: Wenn Sie Milchprodukte nicht vertragen, achten Sie darauf, dass den Ersatzprodukten wie Sojaghurt die wichtigen Milchsäurebakterien Laktobazillus und Bifidobakterium hinzugefügt wurden.

Sodbrennen

Als Sodbrennen bezeichnet man den Rückfluss (auch Reflux genannt) der Nahrung aus dem Magen zurück in die Speiseröhre. Die Magensäure, die dabei mitfließt, enthält zu viel Säure für die Speiseröhre. Bleibt eine Reflux-Erkrankung über einen längeren Zeitraum unbehandelt, kann das zu einer Einschränkung der Funktion des Schließmuskels oberhalb des Magens führen. Als Folge kommt es ständig zu einem brennenden Gefühl im Hals und im Oberbauch. Die Oberbauchschmerzen vermitteln uns stundenlang ein unangenehmes Völlegefühl. Besonders beim Liegen oder Bücken oder wenn man versucht, etwas Schweres anzuheben, wenn wir also die Bauchmuskulatur anspannen und sie zusätzlich auf den Magen drückt, kommt es zum Rückfluss des Nahrungsbreis aus dem Magen in die Speiseröhre und den damit verbundenen Beschwerden durch die Magensäure.

Es gibt unterschiedliche Faktoren, die Sodbrennen begünstigen. Zum Bespiel fördert Übergewicht, besonders wenn sich viel Bauchfett angesammelt hat, den Druck auf die Organe, also auch auf den Magen. Aber auch die Zusammenstellung der Nahrung und einige Lebens- und Genussmittel spielen eine Rolle:

- Alkohol senkt die Muskelkraft des Schließmuskels am oberen Magen.
- Kaffee enthält Inhaltstoffe, die den Muskeltonus ebenfalls negativ beeinflussen.

- Rauchen und Stress fördern die Beschwerden zusätzlich.
- Kalte Getränke und Speisen, besonders in großer Menge und schnell verzehrt, bleiben länger im Magen, bevor sie an den Darm weitergegeben werden. Durch Druck auf den Magen kann es dann leichter zum Rückfluss kommen. Kohlensäurehaltige Getränke üben vor dem Entweichen einen hohen Druck auf den Schließmuskel aus.
- Viel Fett und viel Zucker in einer Mahlzeit bewirken ebenfalls einen unerwünschten Rückfluss des Nahrungsbreis, genauso wie frittierte, geräucherte und stark gewürzte Lebensmittel und Speisen.

Was Sie tun können

Um Sodbrennen zu vermeiden, sollten Sie fettarme Mahlzeiten wählen, die auch Gemüse und Obst und eiweißhaltige Lebensmittel enthalten. Nehmen Sie die Speisen in einer angenehmen Temperatur (nicht zu heiß) und mild gewürzt zu sich. Achten Sie darauf, Ihren Kaffee- und Alkoholkonsum einzuschränken. Am besten ist es, wenn Sie Kaffee oder Alkohol nach den Mahlzeiten genießen. Dass Rauchen gesundheitsschädlich ist, muss nicht extra betont werden, aber wenn Sie es trotz allem nicht lassen können, versuchen Sie, nicht auf nüchternen Magen zu rauchen.

> **!**
>
> Bei Sodbrennen lieber mehrere kleine Mahlzeiten als wenige große Mahlzeiten essen.

Gegen Sodbrennen hilft es auch, zuckerreduzierte und kohlensäurearme Getränke in kleinen Portionen zu trinken. Das Gleiche gilt für die Mahlzeiten: Lieber mehrere kleine Mahlzeiten als wenige große Mahlzeiten essen. Egal ob kalte oder heiße Speisen: Essen Sie langsam und kauen Sie ausreichend. Sitzen Sie während des Essens am Tisch und achten Sie auf eine aufrechte Sitzposition. Danach legen Sie sich am besten nicht flach hin und vermeiden es, sich zu bücken oder schwer zu heben.

Was die Naschereien betrifft: Schokolade enthält viel Fett und Zucker und sollte nur in kleinen Mengen gegessen werden. Und: Keine Pfefferminz-Bonbons und Kaugummi kauen!

Reizdarm

Bei einem Reizdarm handelt es sich um eine Funktionsstörung des Darms. Im Dünndarm werden die Verdauungssäfte mit dem Nahrungsbrei vermischt und die Nährstoffe über die Dünndarmschleimhaut ins Blut transportiert. Im Dickdarm wird dann die überschüssige Flüssigkeit wieder entzogen und Kohlenhydrate bzw. Ballaststoffe, die im Dünndarm nicht aufgenommen wurden, hier von den Bakterien des Dickdarms (der Darmflora) verarbeitet. Störungen dieser Funktionen können im Dünndarm und im Dickdarm auftreten. Die Beschwerden, die dadurch auftreten, können ebenfalls ganz unterschiedlich sein:

- Verstopfung und Durchfall, auch im ständigen Wechsel
- Blähungen
- Völlegefühl
- Unverträglichkeiten von Nahrungsmitteln (z. B. Laktose, Fruktose)
- Bauchkrämpfe, die einseitig verlaufen oder den gesamten Bauch betreffen

Die Auslöser für diese Beschwerden können ganz individuell sein und unterschiedliche Ursachen haben. Nicht immer ist es allein die Auswahl der ungeeigneten Lebensmittel. Oft kommt noch ein falsches Ernährungsverhalten und fehlende Entspannung hinzu. Vermutlich führen folgende Faktoren zu Beschwerden:

- helle Getreideprodukte mit einem nur geringen Anteil an Ballaststoffen
- täglich zu große Mengen (mehr als vier) an Getreide
- zu wenig Gemüse und Obst
- mehr Inhaltsstoffe in einer Mahlzeit wie Milchzucker oder Fruchtzucker, als der Darm gerade verarbeiten kann
- zu schnelles Essen und Ablenkung vom Teller statt achtsamer Genuss der Speisen

!

Schreiben Sie über einen längeren Zeitraum hinweg auf, welche Nahrungsmittel Sie zu sich nehmen und wie es Ihnen danach geht.

Was Sie tun können

Wer lernt, auf sich zu hören und seine persönlichen Störfaktoren auszuschalten, lebt entspannter und gesünder. Ich empfehle Ihnen, auch beim Reizdarmsyndrom Ihre Ernährungsweise auf den Prüfstand zu stellen. Legen Sie sich ein Ernährungstagebuch zu oder führen Sie Ernährungsprotokolle. Wenn Sie über einen längeren Zeitraum hinweg aufschreiben, welche Nahrungsmittel Sie zu sich nehmen und wie es Ihnen danach geht, können Sie wichtige Schlüsse für eine ausgewogene Ernährungsweise daraus ziehen.

Diese Hinweise gelten auch bei Reizdarm:

- Nehmen Sie nicht zu große Portionen auf einmal zu sich.
- Lernen Sie, achtsam zu essen: langsam und bewusst kauen, und geben Sie sich keine Möglichkeit zur Ablenkung: Legen Sie das Handy anderswohin und lassen Sie den Fernseher ausgeschaltet!
- Trinken Sie über den Tag verteilt eine ausreichende Flüssigkeitsmenge.
- Reduzieren Sie Alkohol, schwarzen und grünen Tee sowie Kaffee.
- Meiden Sie stark gewürzte, sehr salzige, süße, scharfe oder fettige Lebensmittel.

Leider erlebe ich oft, dass Betroffene jahrelang auf Lebensmittel verzichten, die vermeintlich für ihre Beschwerden verantwortlich sind. Aber statt dass sich das Beschwerdebild dadurch bessert, kommen neue hinzu. Wenn Sie dauerhaft alle möglichen Nahrungsmittel vom Teller streichen, ohne dass es einen Grund dafür gibt, riskieren Sie eine Mangelernährung! Ernährungstherapie, Entspannungstherapie und Gesprächstherapie sind hilfreiche Methoden, um zu lernen, welche Gewohnheiten dem Darm guttun, wenn Sie mit der Umstellung Ihrer Ernährung selbst nicht mehr weiterkommen.

Geeignete und ungeeignete Lebensmittel auf einen Blick

Die besonders leicht verdauliche Kost

Die sogenannte „besonders leicht verdauliche Kost“ eignet sich für den Kostaufbau nach einem operativen Eingriff im Magen-Darm-Trakt oder in der Regenerationsphase nach einer entzündlichen Darmerkrankung. Auch in der Akutphase des Reizdarms hilft sie. Die leicht verdauliche Kost wird empfohlen, um alle an der Verdauung beteiligten Organe für ein paar Tage oder Wochen zu entlasten, da nur Lebensmittel, die für eine Regeneration der Verdauungsorgane förderlich sind, auf dem Speiseplan stehen. Allerdings ist die Auswahl nicht besonders abwechslungsreich.

Über einen kurzen Zeitraum lässt sich diese Form der Kost gut umsetzen, besonders wenn Sie sie gut vertragen. Sobald die Regenerationsphase abgeschlossen ist, sollten Sie die Empfehlungen für die leichte Vollkost für die dauerhafte gesunde und ausgewogene Ernährung wählen.

Geeignet für die besonders leicht verdauliche Kost

LEBENSMITTELGRUPPE	LEBENSMITTELAUSWAHL	HINWEISE
Getränke ca. 1,5 Liter am Tag	• Wasser, Leitungswasser, Kräutertee, milder Früchtetee (ohne Hibiskusschalen)	• Zimmertemperatur bis warm; ohne Kohlensäure
	• Fruchtsaftschorle (5 Teile Wasser vermischt mit 1 Teil Saft)	• in kleinen Schlucken und gleichmäßig über den Tag verteilt trinken
	• milder Bohnenkaffee, schwarzer Kaffee	• bis zu 3 Tassen am Tag

▶▶

LEBENSMITTEL-GRUPPE	LEBENSMITTELAUSWAHL	HINWEISE
Gemüse 3 Portionen am Tag	Kohlrabi, Karotten, Spargelspitzen, Blumenkohlröschen, Spinat, Gurke ohne Kerne, Tomate ohne Schale und Kerne, Brokkoli, Zucchini, Knollensellerie, Fenchel, Prinzessbohnen, Artischockenböden, Chicorée, kleine Mengen Blattsalat (z. B. Feldsalat, Postelein, junger Spinat)	• frisches und tiefgekühltes Gemüse ist gut geeignet • gegartes Gemüse wird besser vertragen als rohes Gemüse
Kartoffeln	als Kartoffelschnee, Püree, Salzkartoffeln	selbstgemacht statt Fertigprodukte
Obst 2 Portionen am Tag	• roh: Banane, Honigmelone, Heidelbeere • Kompott oder erhitztes Püree aus Obst ohne Schalen und Kerne (z. B. Apfel, Birne, Mango, Beerenfrüchte)	• nur eine Portion in einer Mahlzeit • als Dessert nach einer Hauptmahlzeit (z. B. Apfelmus mit Vanillesoße) oder als Zugabe zur Hauptmahlzeit (z. B. Obst zum Müsli) oder als Zwischenmahlzeit (z. B. Quarkspeise mit Mangopüree) • Obst mit Kernen durch ein Sieb streichen
Getreide und Getreideprodukte	Dinkel, Gerste, Hafer, Hirse, Mais, Reis, Weizen	• als Mehl, Grütze, Flocken oder Grieß, Teigwaren wie Nudeln, Spätzle, Klöße • Reis als Korn • ballaststoffarme, helle Sorten bevorzugen
Brot und Backwaren	helles Weizen- oder Dinkelbrot, Weizenschrotbrot, Toastbrot, Dreikorntoast, Zwieback, Knäckebrot ohne Körner	• ohne weitere Zusätze • langsam gebacken, eventuell getoastet

LEBENSMITTEL-GRUPPE	LEBENSMITTELAUSWAHL	HINWEISE
Milch und Milchprodukte 250 g am Tag	• fettarm: Milch, Joghurt, Quark, Frischkäse, körniger Frischkäse, Dickmilch, Buttermilch • in kleinen Mengen: junger Schnittkäse mit 16 % Fett (30 % Fett i.Tr.), saure Sahne	
Fisch 1–2 Portionen in der Woche	• fettarme Sorten wie Seelachs, Skrei, Schellfisch, Zander • Kleine Mengen Krustentiere (Krabben, Shrimps)	• gekocht, gedünstet, im Päckchen gegrillt, Klöße, Ragout
Fleisch 1–2 Portionen in der Woche	fettarmes Fleisch von Geflügel, Schwein, Rind, Lamm	• als Klöße, Hack, Geschnetzeltes, Ragout, im Päckchen gegrillt
Fleischwaren	Aufschnitt aus Puten- oder Hähnchenbrust, Bratenaufschnitt, Lachsschinken, gekochter Schinken, Roastbeef, Corned Beef, Aspik	
Eier 2–3 Eier in der Woche	Rührei, Eierstich, Omelette, pochiertes Ei, weichgekochtes Ei	
Fette und Öle je bis zu 2 EL am Tag	• Pflanzenöle (Raps und Olivenöl) • Pflanzenmargarine, Butter • Nüsse, Kerne, Samen	• Nüsse, Kerne und Samen gemahlen
Süßes und Gebäck in kleinen Mengen	• Honig, Gelee, Konfitüre oder Marmelade ohne Schalen und Kerne, Nussmus, ungesüßtes Nussmus, Zucker, Traubenzucker • Biskuit, Butterkekse	
Kräuter und Gewürze	• Petersilie, Schnittlauch, Melisse und Koriander • Salz, Pfeffer	• frisch oder getrocknet

Die leichte Vollkost

Die sogenannte „leichte Vollkost“ setzt sich aus Lebensmitteln zusammen, die im Allgemeinen von Menschen mit Beschwerden im Magen-Darm-Bereich gut vertragen werden. Diese Ernährungsempfehlungen haben keinen ernährungstherapeutischen Effekt, aber sie helfen Ihnen, diejenigen Lebensmittel und Zubereitungsarten zu wählen, die Ihnen gut bekommen und selten Auslöser für Verdauungsbeschwerden sind.

Minimiert werden Beschwerden wie:

- Durchfall
- Völlegefühl
- Schmerzen
- Druck
- Sodbrennen

Keine therapeutische Wirkung hat die leichte Vollkost auf:

- Lebensmittelintoleranzen
- Lebensmittelallergien

Die leichte Vollkost ist vielseitig und abwechslungsreich. Auch bei einer langfristigen Ernährung über Monate und Jahre nach diesen Empfehlungen sind Sie ausreichend mit allen lebenswichtigen Nährstoffen versorgt.

Bei der leichten Vollkost handelt es sich um eine Empfehlung für eine Basiskost, die geeignet ist, um Beschwerden zu lindern. Jeder Mensch und jeder Magen-Darm-Trakt ist individuell. Weglassen sollten Sie daher auf Dauer nur die Lebensmittel, die bei Ihnen auch wirklich für Beschwerden sorgen. Die Kunst ist nun, herauszufinden, welche Lebensmittel denn Auslöser für die Probleme nach dem Essen sind. Hat man schon einen Verdacht, dann sollten diese Lebensmittel für ein paar Tage bis Wochen vom Teller verschwinden. Hilft diese Maßnahme, ist es sinnvoll, auch über einen längeren Zeitraum auf diese Lebensmittel zu verzichten. Aber Achtung! Sorgen Sie immer für einen guten Ersatz: Lassen Sie also nicht komplett den Fisch weg, sondern nur die Zubereitungsart oder die Fischsorte, die Sie wirklich nicht vertragen. Alle anderen können Sie nach den Empfehlungen regelmäßig zu sich nehmen.

Manchmal hat man überhaupt keine Vorstellung, woher die Verdauungsbeschwerden kommen. In diesem Fall können Sie die Ernährung komplett auf die Lebensmittelempfehlung der leichten Vollkost umstellen. Im Anschluss daran probieren Sie nach und nach wieder die gewohnten Lebensmittel aus. Auch hier hilft das Führen eines Ernährungs- und Symptomprotokolls, Veränderungen sichtbar zu machen. Ist der Auslöser für die Symptome gefunden, sollte dieser auch langfristig vom Teller verschwinden – aber auch hier gilt, immer für eine gute Alternative sorgen.

!

Wer nicht weiß, woher seine Beschwerden kommen, kann erst einmal komplett auf die leichte Vollkost umstellen.

Wenn Sie bei der Ernährung nach den Empfehlungen der leichten Vollkost auch nach zwei Wochen noch deutliche Beschwerden haben, sollten Sie diese bei einem Facharzt für Gastroenterologie oder Allergologie abklären lassen: Möglicherweise liegt eine Lebensmittelintoleranz oder Allergie auf bestimmte Nahrungsmittel vor. Eine geschulte und zertifizierte Ernährungsfachkraft hilft dann bei der Ernährungsumstellung. Wichtig ist auch hier: Machen Sie besser keine Selbstversuche, bei denen Sie immer mehr Lebensmittel vom Speiseplan streichen. Meistens werden die Beschwerden dadurch nicht weniger, und durch den dauerhaften Verzicht auf wichtige Nährstoffe kann es zu einer Mangelernährung kommen.

Die leichte Vollkost enthält alle Nährstoffe in ausreichendem Maße, um sich dauerhaft gesund, ausgewogen und schmackhaft zu ernähren. Sie …

- deckt ausreichend den Energiebedarf.
- ist fettarm, aber nicht mager.
- enthält Kohlenhydrate in geeigneter Form.
- beinhaltet alle wichtigen Eiweiße.

- hat ausreichen Vitamine, Mineralstoffe und andere sekundäre Pflanzenstoffe.
- schmeckt lecker und ist abwechslungsreich.
- kommt ohne unnötige Zusatzstoffe aus.
- fördert das Wohlbefinden.
- ist leicht durchzuführen.
- bietet gute Alternativen zu den Lebensmitteln, die nicht bekömmlich sind.
- funktioniert zu Hause und unterwegs.
- erlaubt alles, was vertragen wird.

Geeignet für die leichte Vollkost

LEBENSMITTEL-GRUPPE	LEBENSMITTELAUSWAHL	HINWEISE
Getränke ca. 1,5 Liter am Tag	• Wasser, Leitungswasser, Kräutertee, Früchtetee, Fruchtsaftschorle (4 Teile Wasser vermischt mit 1 Teil Saft) • Kaffee, schwarzer und grüner Tee	• ohne Kohlensäure • gleichmäßig über den Tag verteilt trinken
Gemüse 3 Portionen am Tag	• Artischocken, Blumenkohl, Brokkoli, grüne Bohnen, feine Erbsen, Fenchel, Gurke, Kohlrabi, Karotten, Pastinake, Paprika ohne Schale, Rote Bete, Sellerie, Spargel, Spinat, Tomate, Zucchini • Chicorée, Chinakohl, kleinen Mengen Blattsalate • kleine Mengen rote oder gelbe Linsen gut gekocht	• frisches und tiefgekühltes Gemüse ist gut geeignet • gegartes Gemüse wird besser vertragen als rohes Gemüse • rohes Gemüse eventuell reiben und mit Zugabe von Dressing oder Dip
Kartoffeln	Salzkartoffel, Pellkartoffel, Kartoffelpüree, Kartoffelklöße, Ofenkartoffeln	gewürzt mit etwas Salz und Kräutern

LEBENSMITTEL-GRUPPE	LEBENSMITTELAUSWAHL	HINWEISE
Obst 2 Portionen am Tag	• in kleinen Mengen oder als Kompott aus Äpfel, Birnen, Pflaumen, Aprikosen, Pfirsichen, Nektarinen • gut gereifte Früchte: Ananas, Banane, Brombeere, Erdbeere, Himbeere, Heidelbeere, Johannisbeere, Kaki, Kiwi, Limette, Mango, Melone, Orange, Papaya, Trauben, Zitrone	• nur eine Portion in einer Mahlzeit • als Dessert nach einer Hauptmahlzeit oder als Zugabe zur Hauptmahlzeit oder als Zwischenmahlzeit mit einem gesäuertem Milchprodukt
Getreide und Getreideprodukte	alle Sorten	
Brot und Backwaren	• fein vermahlenes Vollkornbrot • Käsekuchen, Quark-Öl-Teig, Biskuitboden	• Brote nach traditioneller Backmethode, eventuell getoastet, am besten schon einen Tag alt • Gebäck mit wenig Zucker, bei Torte mit Obstbelag mit Joghurt-/Quark-unterlage
Milch und Milchprodukte 250 g am Tag	• fettarm, natur: Milch, Joghurt, Quark, Frischkäse, körniger Frischkäse, Dickmilch, Buttermilch • in kleinen Mengen: junger Schnittkäse mit 16 % Fett, absolut (30 % Fett i.Tr.), Mozzarella, Feta • saure Sahne, Schmand in kleiner Menge	• gesäuerte Milchprodukte bevorzugen, keine Produkte, die hocherhitzt sind (H-Milch, Joghurt mit langer Haltbarkeit) • Mozzarella eignet sich zum überbacken
Fisch 1–2 Portionen in der Woche	• alle Sorten frisch oder tiefgekühlt • Schalen- und Krustentiere	• fettarm gekocht, gedünstet, leicht gerillt • fettreiche Sorten wie Hering, Lachs, Makrele, Thunfisch in kleinen Portionen

▶▶

LEBENSMITTEL-GRUPPE	LEBENSMITTELAUSWAHL	HINWEISE
Fleisch 1–2 Portionen in der Woche	• Puten und Hähnchenbrust: Filet und Schnitzel, natur, gekocht oder leicht gegrillt, Hack • Rind, Kalb, Lamm, Ziege: Filet und Schnitzel, natur, gekocht oder leicht gegrillt, Hack	• fettarm gekocht, gedünstet, leicht gegrillt • in Soße gegart, wie Geschnetzeltes oder Ragout
Fleischwaren	Aufschnitt aus Puten- oder Hähnchenbrust, Bratenaufschnitt, Lachsschinken, gekochter Schinken, Roastbeef, Corned Beef, Aspik, Geflügelwurst, streichfähige Putenmettwurst	
Eier 2–3 Eier in der Woche	Rührei, Eierstich, Omelette, pochiertes Ei, weichgekochtes Ei	
Fette und Öle je 2 EL Öl am Tag	• Pflanzenöle (Raps- und Olivenöl) • Pflanzenmargarine, Butter • Nüsse, Kerne, Samen	
Süßes und Gebäck in kleinen Mengen	• Honig, Konfitüre, Marmelade, Nussaufstrich • Zucker in kleinen Mengen • Joghurt-/Quarkeis mit wenig Zucker ohne Sahnezusatz • fettarmes Gebäck aus Biskuit, Hefeteig, Quark-Öl-Teig ohne Sahne	• statt Sahne eine Joghurt-Quark-Füllung für die Torte
Kräuter und Gewürze	• alle Kräuter frisch, tiefgekühlt oder getrocknet • Balsamicoessig	

Hier finden Sie noch eine genauere Übersicht über die Wirkungsweise von Kräutern und Gewürzen.

Kräuter in der leichten Vollkost

KRAUT	VERWENDUNG	PASST ZU …	WIRKUNG
Basilikum	Blätter: frisch, tiefgekühlt, getrocknet	Tomaten, Soßen und Dips	verdauungsfördernd, appetitanregend
Bohnenkraut	Blätter mit feinem Stiel: frisch, getrocknet	Bohnen, Gemüse, Kartoffeln	gut für den Magen, hilft bei Blähungen
Dill	feine Stiele mit Blatt: frisch, tiefgekühlt	Dressings und Soßen, Fisch, Salat, Quark	gut für den Magen, appetitanregend
Estragon	feine Stiele mit Blatt: frisch	Dressings, Soßen, Dips, Gurken, Kartoffel, Fisch	verdauungsfördernd
Majoran	Blätter: frisch, getrocknet	Soßen, Tomaten, Fleisch, Kartoffeln	appetitanregend, krampflösend
Oregano	Blätter: frisch, getrocknet	Soßen, Tomaten, Fleisch, Gemüse, Kartoffeln	gut für den Magen, appetitanregend, verdauungsfördernd
Minze	Blätter: frisch	Dressings, Soßen, Dips, Quark, Süßspeisen, Fleisch, Tee	gut für Magen und Darm – nur kleine Mengen verwenden
Rosmarin	Blätter: frisch, getrocknet	Fleisch, Kartoffel, Gemüse, Tee	gut für Magen und Darm, appetitanregend
Salbei	Blätter: frisch, getrocknet	Soßen, Fleisch, Gemüse, Tee	gut für Magen und Darm, appetitanregend, verdauungsfördernd
Thymian	feiner Stiel mit Blatt: frisch, getrocknet	Soßen, Fleisch, Gemüse, Tomatensoße, Pilze	gut für Magen und Darm, krampflösend
Zitronenmelisse	Blätter: frisch	Dressings, Soßen, Joghurt oder Quarkspeise, Süßspeisen, Tee	krampflösend, gegen Blähungen

Gewürze in der leichten Vollkost

GEWÜRZ	VERWENDUNG	PASST ZU ...	WIRKUNG
Anis	Samen: getrocknet, ganz oder gemahlen	Gebäck, Tee, Obstkompott	gegen Blähungen und Völlegefühl
Ingwer	Wurzel: frisch	Tee, Geflügelgerichte, Obstkompott	gegen Übelkeit
Kardamom	Samen: ganz oder gemahlen	Gebäck, Lammfleisch, Brotgewürz	krampflösend, gegen Blähungen
Kümmel	Samen: ganz oder gemahlen	Kohlgerichten, Brotgewürz, Kartoffel, Tee	appetitanregend, gegen Blähungen
Muskat	Samenkern: frisch gerieben	Soßen, Blumenkohl, Fleisch, Kartoffelpüree, Gebäck	beruhigend und krampflösend
Paprika	Schoten: getrocknet und gemahlen	Dressings, Dips, Soßen, Gemüse, Fleisch, Fisch	regt die Verdauung an (nur in kleinen Mengen verwenden)
Pfeffer	Beeren: getrocknet und gemahlen	für alle nicht-süßen Speisen	regt die Verdauung an (nur in kleinen Mengen verwenden)
Vanille	Schote, Samen: getrocknet und gemahlen	Gebäck, Süßspeisen, süße Soßen, Obstkompott, Fruchtsoßen, Eis	beruhigend
Zimt	Rinde: getrocknet und gemahlen	Gebäck, Kompott, Süßspeisen, Tee	appetitanregend, verdauungsfördernd, wirkt gegen Blähungen und regt die Darmtätigkeit an

Nicht geeignete Lebensmittel

Die leichte Vollkost ist eine Ernährungsform, in der Lebensmittel ausgewählt werden, die im Allgemeinen als gut verträglich gelten. Ansonsten beinhaltet sie, wie die normale Vollkost, die Nährstoffempfehlungen der Deutschen Gesellschaft für Ernährung (DGE). Die leichte Vollkost ist keine strenge Diät, denn alles, was vertragen wird, ist auch erlaubt. Wer den Auslösern seiner Beschwerden auf die Spur kommen möchte, kann sich an der Liste mit Lebensmitteln, die im Allgemeinen unverträglich sind, orientieren und in der Tabelle mit den besser verträglichen Lebensmitteln gute Alternativen finden.

Es sind sicher nicht alle Lebensmittel, die für Beschwerden sorgen. Dennoch gibt es einige Lebensmittel und Zubereitungsarten, die Sie weglassen sollten, wenn Sie unter den oben genannten Beschwerden leiden.

Als allgemein unverträglich gelten:

- Lebensmittel, die stark säurehaltig sind oder die Bildung von Magensäure stimulieren
- Alkohol, kohlensäurehaltige Getränke, Koffein, Speiseeis sowie eisgekühlte Getränke
- Lebensmittel mit einem hohen Anteil an Fett und/oder Zucker wie Schokolade, Speiseeis, Süßspeisen wie Tiramisu oder Torten
- in Soße eingelegte Fischkonserven, streichfähige Wurst, z. B. Leberwurst
- Fruchtgummis, Zuckerwaren
- Lebensmittel, die eine blähende Wirkung haben: Kohlgemüse, Lauchgemüse, Pilze, Hülsenfrüchte
- Lebensmittel, die sehr scharf oder geräuchert sind: Chili, Senf, Meerrettich, Paprika, Knoblauch
- geräucherte Fischzubereitungen, geräucherter Schinken, Speck

- Zubereitungsarten, bei denen scharf angebraten, frittiert oder geröstet wird: Braten, Pommes frites, Schmorgerichte

!

Wenn nach zwei Wochen leichter Vollkost Ihre Magen-Darm-Beschwerden nicht verschwunden sind, sollten Sie sich professionelle Hilfe holen.

Es gibt individuelle Unverträglichkeiten auf bestimmte Nahrungsbestandteile. Wer z. B. Scharfes nicht verträgt, aber mit Kohlgemüse kein Problem hat, sollte scharf gewürzte Gerichte meiden, muss aber nicht auf Kohlgerichte verzichten.

Wichtig ist: Finden Sie heraus, was Sie überhaupt nicht vertragen. Dazu ernähren Sie sich für etwa zwei Wochen komplett nach den Empfehlungen der leichten Vollkost und testen dann nach und nach die verschiedenen Lebensmittel aus, um nachzuspüren, bei welchen Lebensmitteln bei Ihnen überhaupt Probleme auftauchen. Es kann auch vorkommen, dass nach den zwei Wochen leichter Vollkost die Magen-Darm-Beschwerden nicht verschwunden sind. Das ist der Zeitpunkt, an dem Sie sich professionelle Hilfe durch eine zertifizierte Ernährungsfachkraft holen sollten.

Lebensmittel, die allgemein als unverträglich gelten

LEBENSMITTELGRUPPE	LEBENSMITTELAUSWAHL
Getränke	• alkoholische Getränke • kohlensäurehaltige Getränke • Limonaden und Sirups, Energiedrinks • pure Fruchtsäfte/Smoothies • eisgekühlte Getränke
Gemüse	• Kohlsorten, Zwiebeln, Knoblauch, grüne Paprika, Pilze, Oliven, Rettich • große Mengen Blattsalate • Hülsenfrüchte • fettreiche Feinkostsalate
Kartoffeln	• Pommes frites, Bratkartoffeln, Rösti, frittierte Kartoffelecken, Kroketten

LEBENSMITTELGRUPPE	LEBENSMITTELAUSWAHL
Obst	• in großen Mengen und roh Birnen, Pflaumen, Äpfel, Aprikosen und Pfirsiche • unreifes Obst
Getreide und Getreideprodukte	• Roggen und zu große Portionen an Getreidebeilagen wie Nudeln
Brot und Backwaren	• Brot mit ganzem Korn, Brot mit Zuckerzusatz, frisches Brot • Brötchen mit Käse überbacken • fettreiches Gebäck (z. B. Croissants)
Milch und Milchprodukte	• Sahne, Crème fraîche, Schmand in größerer Menge • gekühlte und gesüßte Kakaogetränke, Buttermilch-Kefir mit Zuckerzusatz, Joghurt mit Zucker- und Knusperzusatz • fettreiche Schmelz-, Frisch-, Weich- und Schnittkäsesorten mit Zusätzen wie Chili, Zwiebel oder Knoblauch
Fisch	• geräucherter Fisch • Fischsalate mit fettreicher Marinade oder Zwiebeln • Fischkonserven
Fleisch	• Gepökeltes, fettreiche Sorten wie Bauchfleisch, Innereien
Fleischwaren	• Geräucherte, Gepökeltes • fettreiche Streichwurst
Eier	• Rührei, Eierstich, Omelette, pochiertes Ei, weichgekochtes Ei
Fette und Öle	• in großen Mengen
Süßes	• Nougat, Schokolade mit einem hohen Anteil an Zucker, mit Alkohol oder Zuckerwasser gefüllte Pralinen, Marzipan, Sahnebonbons • zuckerreduzierte Süßigkeiten mit Zuckeralkoholen • Sahneeis
Kräuter und Gewürze	• starkes Würzen mit Pfeffer, Salz, Curry, Paprika, Meerrettich, Zwiebel-Knoblauch-Ingwerpulver, scharfe Gewürzmischungen • Mayonnaise, Essig, Senf in großen Mengen

Wertvolle Milchsäurebakterien

Milchsäurebakterien leben im Darm aller Säugetiere, so auch im Menschen. Schon nach der Geburt erhält unsere Darmflora durch das Stillen diese wichtigen Darmbakterien. Sie unterstützen uns bei der Verdauung pflanzlicher und tierischer Eiweiße. Milchsäurebakterien produzieren Essigsäure, indem sie Kohlenhydrate zu Säure verarbeiten. Die so entstandene Säure lässt das Eiweiß aus den pflanzlichen und tierischen Lebensmitteln gerinnen (denaturieren), erst dann kann es im Dünndarm für die weitere Verdauung genutzt werden.

!

Durch den regelmäßigen Verzehr von Sauermilchprodukten füttern wir den Darm immer wieder neu mit Milchsäurebakterien an.

Durch den regelmäßigen Verzehr von Sauermilchprodukten füttern wir den Darm immer wieder neu mit Milchsäurebakterien an. Stellen wir unsere Ernährung auf eine milchfreie Ernährung um, fehlt der Nachschub an Bakterien. Zwar können wir die bereits im Darm vorhandenen Bakterien anfüttern, denn bestimmte Kohlenhydrate (Präbiotika) aus Lebensmitteln wie z. B. Gemüse dienen den Bakterien als Futter. Trotzdem kommt es oft für Wochen bis Monate nach der Ernährungsumstellung zu Verdauungsproblemen wie Blähungen und Durchfall. Besonders oft kann man das bei Menschen feststellen, die nach jahrelangem Verzehr tierischer Lebensmittel auf eine vegane Ernährung umstellen.

In der Lebensmittelproduktion setzt man die Milchsäurebakterien zur Herstellung von Sauermilchprodukten wie Joghurt, Quark, Buttermilch, Kefir oder Dickmilch ein. Milchsäurebakterien werden der Milch zugesetzt und verwerten dann den Milchzucker (Laktose) zu Milchsäure (Laktat). Daraus entsteht ein Milchprodukt, das einen leicht säuerlichen, weniger süßen Geschmack bekommt und nach längerer Reifung und Abtrennung der Molke fester ist als Milch. Sauermilchprodukte haben einen geringeren Laktosegehalt (Milchzuckergehalt) als Trinkmilch.

Die häufigsten Milchsäurebakterien sind die Laktobazillus- und Bifidobakterium-Arten. Sie werden zur Produktion von Sauermilchprodukten eingesetzt und gelegentlich auch Milchersatzprodukten zugefügt, um Joghurt- oder Quarkersatz mit säuerlichem Geschmack zu erhalten.

Milchsäurebakterien spielen auch bei der Herstellung von z. B. Sauerkraut, Sauerteig oder Brottrunk eine Rolle. Diese Lebensmittel können Sie sich zunutze machen, wenn die Milchprodukte aus dem Speiseplan gestrichen sind – aber nicht nur dann, denn Sauerkraut und Sauerteig sind auch so lecker.

Ursprünglich hat man die Konservierung von Gemüse durch Milchsäuregärung genutzt, um Gemüse länger haltbar zu machen. Nebenbei hat sich herausgestellt, dass Gemüse wie Weißkohl sogar viel besser vertragen wird, wenn er zu Sauerkraut verarbeitet wurde. Die Milchsäurebakterien haben die weniger bekömmlichen Kohlenhydrate aus dem Kohl zu Essigsäure verwertet – und diese wiederum sorgt dafür, dass die Fasern des Gemüses weicher werden. So entstand ein Lebensmittel, das über Monate gelagert werden kann. Zudem ist Sauerkraut gesundheitsfördernd, denn Milchsäure fördert auch die Aufnahme von Calcium im Darm. Die Milchsäurebakterien aus Sauerkraut sind genauso wichtig für die Darmflora wie die aus Sauermilchprodukten.

!

Die Milchsäurebakterien aus Sauerkraut sind genauso wichtig für die Darmflora wie die aus Sauermilchprodukten.

Gesäuertes Gemüse selbst herstellen

Man braucht frisches Gemüse wie etwa Weißkohl oder Chinakohl, Salz, Wasser, eventuell Gewürze und ein sauberes Gefäß. Obst ist für das Fermentieren nicht geeignet, denn es enthält mehr Zucker als Gemüse und dieser vergärt eher zu Alkohol. An Gemüsesorten lassen sich außer Kohl auch Wurzelgemüse und Gurken verwenden. Der milchsaure Saft, der dabei entsteht, kann getrunken werden, er ist ebenfalls reich an Milchsäurebakterien.

Zuerst wird das Gemüse geputzt und gewaschen, damit es keine Verunreinigungen oder faulen Stellen enthält. Dann wird es zerkleinert, indem man es in feine Scheiben oder Würfel schneidet oder in feine Streifen hobelt. Je kleiner das Gemüse ist, umso schneller geht der Fermentierungsprozess voran.

Anschließend können Sie dem Gemüse etwas Molke als Starter zusetzen. Molke fällt bei der Herstellung von Milch zu Käse an und enthält ganz natürlich Milchsäurebakterien. Ansonsten wird das Gemüse in ein sehr sauberes Gefäß gegeben, damit andere unerwünschte Mikroorganismen sich nicht am Gärprozess beteiligen und den Geschmack negativ verändern. Zum Schluss einfach Salz mit Wasser und eventuell Gewürze zugeben.

Gemüsesorten, die etwas fester sind, können gestampft werden, oder Sie kneten das Salz mit den Händen ein. So tritt schneller etwas Saft aus und es muss nur noch so viel Wasser aufgefüllt werden, dass das Gemüse gut bedeckt ist und sich keine Luftschichten zwischen dem Gemüse bilden können. Ab dann lassen Sie das Gemüse in Ruhe.

Auch ohne Starter können Sie die Milchsäuregärung in Gang setzen. Das liegt daran, dass auch frisches Gemüse Milchsäurebakterien enthält, nur sind diese noch nicht aktiv. Milchsäurebakterien arbeiten am besten ohne Sauerstoff, deshalb wird das Gemüse mit einem Teller oder Ähnlichem beschwert. So bleibt das Gemüse von Wasser bedeckt, und die Bakterien bekommen keinen Sauerstoff. Man sollte das Gefäß allerdings nicht ganz verschließen, denn die Bakterien produzieren nicht nur Säure, sondern auch Kohlendioxid, und das sollte entweichen können. Es reicht also vollkommen aus, wenn man ein Tuch über das Gefäß legt, um es vor Verschmutzungen zu schützen. Wer ein Gefäß aus Glas benutzt, kann den Bakterien bei der Arbeit zuschauen, wenn langsam die feinen Luftbläschen aufsteigen. Milchsäurebakterien arbeiten am liebsten bei Zimmertemperatur, deshalb sollte das Gefäß nicht in den Kühlschrank gestellt werden.

Bis das Gemüse fertig vergoren ist, dauert es etwa fünf bis zehn Tage. Dann sind die Kohlenhydrate, von denen sich die Milchsäurebakterien ernähren, zum größten Teil verbraucht, und der Gärprozess verlangsamt sich, weil die Milchsäurebakterien weniger aktiv sind. Der Säuregehalt hingegen ist kräftig angestiegen und verhindert, dass andere, unerwünschte Bakterien das eingelegte Gemüse verderben. Jetzt ist das Gemüse bei kühlen Temperaturen (auch im Kühlschrank) über Monate haltbar.

Hier finden Sie zwei Rezepte für selbst hergestelltes milchsaures Gemüse.

Selbstgemachtes Sauerkraut

2 kg frischer Weißkohl
2 EL Salz
1 EL Molke (optional)
Wasser
½ TL Wacholderbeeren
1 Lorbeerblatt
½ TL Kümmel, ganz

Den Weißkohl putzen, waschen und sehr fein hobeln. Ein sauberes Gefäß nehmen, das ausreichend groß ist, so dass beim Gären keine Flüssigkeit über den Rand läuft. Etwas von den Weißkohlstreifen in das Gefäß legen, dann etwas von dem Salz nehmen und kräftig mit den Händen oder einem Kartoffelstampfer aus Holz einkneten. Wenn etwas von dem Zellsaft aus dem Kohl austritt, ist das Salz genug eingearbeitet.

So Schicht für Schicht weiterverfahren, bis der ganze Weißkohl im Topf ist. Es sollte keine Luft zwischen den Kohlschichten sein. Zwischendrin können die Gewürze mit eingearbeitet werden. Anschließend langsam mit Wasser aufgießen, bis der Kohl gerade bedeckt ist. In das Wasser kann bei Bedarf die Molke zum Starten zugegeben werden.

Jetzt muss der Kohl beschwert werden, damit er nicht aufschwimmt. Hierfür eignet sich ein flacher Teller, der mit einem schweren Gegenstand beschwert wird. Den Deckel nur lose auflegen, nicht fest verschließen.

Den Kohltopf mindestens fünf Tage bei Zimmertemperatur ruhen lassen. Dann an einen etwas kühleren Ort stellen. Der Kohl sollte immer mit ausreichend Flüssigkeit bedeckt sein. Wenn das Sauerkraut fertig ist, kann es fest verschlossen im Kühlschrank aufbewahrt werden.

Milchsaure Karotten

2 kg frischer Weißkohl
2 EL Salz
600 g frische Karotten
1 EL Salz
ca. 300 ml Wasser
ein Stück Ingwer, in Scheiben geschnitten

Wasser abkochen, Salz zugeben und abkühlen lassen. Die Karotten waschen, Schälen und in feine Scheiben schneiden. Anschließend in ein ausreichend großes, sehr sauberes Gefäß stampfen. Es sollte dabei etwas Zellsaft austreten. Die Ingwerscheiben dazwischenlegen. Das kalte Wasser langsam über die Karottenscheiben gießen und darauf achten, dass es keine Lufteinschlüsse gibt. Die Karotten müssen komplett mit Wasser bedeckt sein.

Die Karotten mit einem Teller oder schwerem Gefäß abdecken, so dass sie nicht aufschwimmen. Das Gefäß mit dem Deckel leicht verschließen oder mit einem Tuch abdecken. Fünf Tage bei Zimmertemperatur stehen lassen, dann zwei Wochen bei etwas kälteren Temperaturen und zum Schluss fest verschlossen im Kühlschrank aufbewahren.

Die Schonkost im Alltag umsetzen

Wenn Sie sich bisher nicht nach den Empfehlungen der leichten Vollkost ernährt haben, erfordert es vielleicht einige Zeit, bis Sie sich umgewöhnt haben. Die Umsetzung ist allerdings, was das Praktische betrifft, gar nicht so schwer. In diesem Kapitel stelle ich Ihnen geeignete Garmethoden vor, fasse die Regeln der leichten Vollkost noch einmal zusammen und gebe Ihnen Tipps für den Alltag.

Geeignete Garmethoden

Bei den Garmethoden ist darauf zu achten, dass möglichst wenige sogenannte Röststoffe gebildet werden. Beim Braten oder Frittieren von Fleisch, Fisch, Eiern oder Gemüse bilden sich Röststoffe, die zwar ein gutes Aroma geben, aber auch leicht zu Verdauungsproblemen führen können. Besser geeignet sind Zubereitungsmethoden, bei denen die Lebensmittel im Sud, in der Soße oder mit etwas Brühe gegart werden.

Fleisch, Fisch oder Gemüse lassen sich mit wenig Flüssigkeit im Päckchen aus Backpapier oder in einer geschlossenen Auflaufform zubereiten. Diese geschlossenen Garmethoden erhalten das Aroma ebenfalls, enthalten aber keine gesundheitsschädlichen Röststoffe. Deshalb schmecken die Gerichte sehr gut und sind leicht bekömmlich für Magen und Darm. Im Folgenden stelle ich Ihnen die Zubereitungsmethoden der leichten Küche vor.

> **!**
> Gut geeignet sind Zubereitungsmethoden, bei denen die Lebensmittel im Sud, in der Soße oder mit etwas Brühe gegart werden.

Kochen

Im Kochtopf mit Wasser oder Brühe.

Geeignet für: Kartoffeln, Nudeln, festes Gemüse wie Kohlrabi oder Karotten, Suppenfleisch

Dünsten

Das Gargut in einen kleinen Kochtopf geben und mit wenig Wasser oder Brühe bei geschlossenem Deckel und geringer Temperatur zubereiten.

Geeignet für: Gemüse mit kurzer Garzeit wie Brokkoli, Spinat, Mangold, Fisch

Dämpfen

In einen Kochtopf Wasser füllen und aufkochen, darüber einen Dämpfeinsatz stellen und das Gargut darauflegen. Das Lebensmittel gart im Dampf.

Geeignet für: Gemüse, das besonders schonend gegart werden soll, z. B. Brokkoli- oder Blumenkohlröschen, Fingermöhren, Prinzessbohnen, Spargelspitzen; Fisch, Garnelen

Pochieren

Garziehen in einem Kochtopf mit siedend heißem, nicht kochendem, leicht gesalzenem Wasser.

Geeignet für: Eier, Fisch, Fleisch

Braten in einer beschichteten Pfanne

Das Gargut wird mit wenig Fett leicht gebräunt, bis es gar ist. Das Fett sollte gerade heiß genug sein und das Gargut nicht zu kalt. So geht es am schnellsten, ohne zu verbrennen: Geben Sie das Fett nicht in die Pfanne, sondern bepinseln Sie das Fleisch vorher damit. Das Gargut nur ganz leicht von allen Seiten bräunen, bis es gar ist.

Geeignet für: Gemüsepfannen, Geflügel, Schwein, Kalb

Schmoren

In einer hohen Pfanne oder einem Schmortopf (z. B. Römertopf) das Gargut leicht (farblos) anbraten, mit Flüssigkeit aufgießen und mit geschlossenem Deckel garen. Es ist auch möglich, die

Pfanne oder den Schmortopf mit geschlossenem Deckel in den Backofen zu stellen.
Geeignet für: Gulasch, Geschnetzeltes, Rouladen

Backen

Wählen Sie für das Backen keine hohen Temperaturen über 200 °C. Wenn das Gebäck vor Ende der Backzeit stärker bräunt als gewünscht, decken Sie es mit einer Alufolie ab.
Geeignet für: Kekse, Kuchen, Brot, Brötchen, Fisch oder Geflügel oder Fleisch mit Kruste

Schnellkochtopf

Im speziellen Kochtopf mit fest verschließbaren Deckel und Druck.
Geeignet für: Gulasch, Suppen, Brühen, Gemüse, Kartoffeln, schnelleres Schmoren

Bratschlauch, Papierpäckchen im Ofen

Lässt sich leicht vorbereiten, ist einfach in der Anwendung und erhält die Aromen.
Geeignet für: Fleisch, Fisch, Gemüse

Zehn Regeln für die leichte Vollkost

Seit 1956 erstellt die Deutsche Gesellschaft für Ernährung Regeln für eine ausgewogene und genussvolle Ernährung nach wissenschaftlichen Erkenntnissen. 2017 wurden diese Regeln nach aktuellsten Erkenntnissen aus Ernährungsphysiologie, Prävention und Nachhaltigkeit überarbeitet. Die Regeln sollen, so die DGE, praktische Empfehlungen für eine optimale Lebensmittelauswahl und einfache Verhaltensregeln für deren Umsetzung an die Hand geben.

Da die vollwertige Ernährung nach den Regeln der DGE eine allgemeine Empfehlung ist, die keine Unverträglichkeiten be-

> **!**
> Die Regeln der DGE sollen praktische Empfehlungen für eine optimale Lebensmittelauswahl und einfache Verhaltensregeln für deren Umsetzung geben.

rücksichtigt, finden Sie hier eine von mir auf die leichte Vollkost angepasste Alternative.

1. Lebensmittelvielfalt genießen

Nutzen Sie die gesamte Auswahl an Lebensmitteln in der leichten Vollkost, um sich abwechslungsreich zu ernähren. Wählen Sie dabei überwiegend die pflanzlichen Lebensmittel. Kein Lebensmittel allein enthält alle Nährstoffe! Je abwechslungsreicher Sie essen, desto geringer ist das Risiko einer einseitigen Ernährung.

2. Gemüse und Obst – nimm „5 am Tag"

Genießen Sie mindestens drei Portionen Gemüse und zwei Portionen Obst am Tag. Achten Sie dabei darauf, was Sie individuell vertragen und auf die richtige Zubereitungsform. Manches Gemüse wird besser vertragen, wenn es gedünstet statt roh gegessen wird. Tiefgekühltes Gemüse enthält ebenso wichtige Nährstoffe wie frische Ware. Manche Menschen vertragen tiefgekühltes Gemüse aber besser, weil die feste Zellstruktur durch das Gefrieren aufgeweicht wird. Hülsenfrüchte gehören auch zu den Gemüsesorten. Oftmals werden sie wegen ihrer blähenden Wirkung leider nicht vertragen, ein Versuch mit gelben und roten Linsen, gekocht und püriert als Suppe, lohnt sich trotzdem. Nüsse zählen mit zum Obst und werden gut vertragen, besonders wenn sie gemahlen und in eher kleinen Portionen verzehrt werden.

Gemüse und Obst versorgen Sie reichlich mit Nährstoffen, Ballaststoffen und sekundären Pflanzenstoffen und tragen zur Sättigung bei. Gemüse und Obst senkt das Risiko für Herz-Kreislauf- und andere Erkrankungen.

3. Vollkorn wählen

Bei Getreideprodukten wie Brot, Nudeln, Reis und Mehl ist eine Vollkornvariante die beste Wahl für Ihre Gesundheit. Bevorzugen Sie Brote und Gebäck, die mit fein vermahlenen Vollkornmehlen hergestellt werden. Bäckereien, die mit traditionellen Herstellungsverfahren arbeiten, in denen der Teig eine lange Gehzeit hat, liefern oft besser verträgliche Brote, weil während des Gehvorgangs Zuckerstoffe, die für Bauchbeschwerden sorgen können, fast vollständig abgebaut werden.

Lebensmittel aus Vollkorn sättigen länger und enthalten mehr Nährstoffe als Weißmehlprodukte. Ballaststoffe aus Vollkorn senken das Risiko für Diabetes mellitus Typ 2, Fettstoffwechselstörungen, Dickdarmkrebs und Herz-Kreislauf-Erkrankungen.

4. Mit tierischen Lebensmitteln die Auswahl ergänzen

Essen Sie Milch und Milchprodukte wie Joghurt und Käse täglich. Achten Sie darauf, täglich eine Portion eines gesäuerten Milchprodukts wie probiotischer Joghurt, Dickmilch, Kefir, saure Sahne zu sich zu nehmen. Fisch gehört ein- bis zweimal pro Woche als frisch oder tiefgekühlte Variante dazu: Die fettreichen Kaltwasserfische Hering, Lachs, Makrele und Thunfisch sollten einmal in der Woche auf den Teller, aber wegen ihres hohen Fettgehalts nur in kleinen Mengen. Verzichten Sie auf fettreiche Fertiggerichte, Räucherware, fettreiche Wurst oder eingelegte Fischzubereitungen. Wenn Sie Fleisch essen, dann nicht mehr als 300 bis 600 g in der Woche. Auch hier gilt: Frische oder tiefgekühlte Produkte sind besser geeignet als Fertiggerichte.

Milch und Milchprodukte liefern gut verfügbares Protein, Vitamin B2 und Calcium. Seefisch versorgt Sie mit Jod, fetter Fisch mit wichtigen Omega-3-Fettsäuren. Fleisch enthält gut verfügbares Eisen sowie Selen und Zink. Verarbeitetes Fleisch und insbesondere Wurst enthalten aber auch ungünstige Fettsäuren und Zusatzstoffe, die gesundheitsschädlich sein können.

5. Gesundheitsfördernde Fette nutzen

Bevorzugen Sie pflanzliche Öle wie Rapsöl und daraus hergestellte Streichfette. Vermeiden Sie versteckte Fette. Fett steckt oft „unsichtbar“ in verarbeiteten Lebensmitteln wie Wurst, Gebäck, Süßwaren, Fast Food und Fertigprodukten. Pflanzliche Öle liefern, wie alle Fette, zwar viele Kalorien, sie liefern aber auch essenzielle Fettsäuren, die wir über die Nahrung aufnehmen müssen, weil wir sie selbst nicht herstellen können, und Vitamin E.

6. Zucker und Salz einsparen

!

Kräuter können eine gute Alternative zu Salz sein.

Mit Zucker gesüßte Lebensmittel und Getränke sind nicht empfehlenswert. Vermeiden Sie diese möglichst und setzen Sie Zucker sparsam ein. Sparen Sie Salz und reduzieren Sie den Anteil salzreicher Lebensmittel. Würzen Sie alternativ mit Kräutern und Gewürzen. Eine Übersicht finden Sie auf S. 33.

Zuckergesüßte Lebensmittel und Getränke sind meist nährstoffarm und enthalten unnötige Kalorien. Zudem erhöht Zucker das Kariesrisiko. Zu viel Salz im Essen kann den Blutdruck erhöhen. Mehr als sechs Gramm am Tag sollten es nicht sein. Wenn Sie Salz verwenden, dann angereichert mit Jod und Fluorid.

7. Am besten Wasser trinken

Trinken Sie rund 1,5 Liter jeden Tag, am besten Wasser oder andere kalorienfreie Getränke wie ungesüßten Tee. Zuckergesüßte und alkoholische Getränke sind nicht empfehlenswert. Ihr Körper braucht Flüssigkeit in Form von Wasser. Zuckergesüßte Getränke liefern unnötige Kalorien und kaum wichtige Nährstoffe. Der Konsum kann die Entstehung von Übergewicht und Diabetes mellitus Typ 2 fördern. Alkoholische Getränke sind ebenfalls kalorienreich. Außerdem fördert Alkohol die Entstehung von Krebs und ist mit weiteren gesundheitlichen Risiken verbunden.

8. Schonend zubereiten

Garen Sie Lebensmittel so lange wie nötig und so kurz wie möglich, mit wenig Wasser und wenig Fett. Vermeiden Sie beim Braten, Grillen, Backen und Frittieren das Verbrennen von Lebensmitteln. Eine schonende Zubereitung erhält den natürlichen Geschmack und schont die Nährstoffe. Verbrannte Stellen enthalten schädliche Stoffe.

9. Achtsam essen und genießen

Gönnen Sie sich eine Pause für Ihre Mahlzeiten und lassen Sie sich Zeit beim Essen. Langsames, bewusstes Essen fördert den Genuss und das Sättigungsempfinden. Handy und Fernseher aus!

10. Auf das Gewicht achten und in Bewegung bleiben

Vollwertige Ernährung und körperliche Aktivität gehören zusammen. Dabei ist nicht nur regelmäßiger Sport hilfreich, sondern auch ein aktiver Alltag, in dem Sie z. B. öfter zu Fuß gehen oder Fahrrad fahren. Pro Tag 30 bis 60 Minuten moderate körperliche Aktivität fördern Ihre Gesundheit und helfen Ihnen dabei, Ihr Gewicht zu regulieren.

Beispiel für einen ausgewogenen Tag

Um Ihnen einen Eindruck zu verschaffen, wie ein ausgewogener Tag nach den Regeln der leichten Vollkost aussehen könnte, habe ich Ihnen hier Rezepte für einen Tag zusammengestellt.

Erstes Frühstück

Porridge mit Obst: 4 EL feine Haferflocken mit 100 ml fettarmer warmer Trinkmilch übergießen und fünf Minuten quellen lassen. 100 g fettarmen Joghurt oder Quark unterrühren. Eine Portion Obst klein schneiden und auf den Porridge geben. 1 EL gemahlene oder gehackte Nüsse darüberstreuen und einen Teelöffel geschrotete Leinsamen zugeben.

oder

Brot: 1–2 Scheiben Brot bzw. 1 Brötchen aus fein vermahlenem Vollkornmehl, mit Frischkäse oder Quark bestreichen und entweder süß (Konfitüre, Honig) oder pikant (1 Scheibe Schnittkäse, 1 Scheibe fettarmer Aufschnitt) belegen, dazu eine Portion Rohkost (Tomate, Radieschen, Gurke).

Zweites Frühstück

Rohkost-Quark: 200 g Quark mit 50 ml fettarmer Milch verrühren und mit etwas Salz, Pfeffer und frischen Kräutern abschmecken. 1 Portion Rohkost (Radieschen, Gurke, Paprika) in Stifte schneiden und eventuell 1–2 Scheiben Knäckebrot dazu.

oder

Selbstgemachte Fruchtbuttermilch: 200 ml Buttermilch/Kefir mit 1 Portion Obst und 1 EL Haferkleieflocken pürieren. Eventuell mit etwas Honig oder Zucker süßen.

Mittags (kann auch gegen die Abendmahlzeit getauscht werden)

Gemüse mit Dip: 2 Portionen Gemüse gedünstet oder kurz in der Pfanne angeschwitzt mit einem Kräuter-Dip und ein paar Käsewürfeln.

oder

Kartoffelpüree mit Rührei und Spinat

oder

Hähnchen mit Gemüse: Ein Hähnchenbrustfilet in Streifen schneiden mit etwas Öl in der Pfanne kurz anbraten, herausnehmen und zur Seite stellen. Gemüse in Scheiben oder Streifen schneiden, ebenfalls kurz anbraten, das Fleisch wieder zugeben. 100 ml Gemüsebrühe und 50 g saure Sahne hinzufügen und bei geringer Hitze garen, bis das Gemüse weich ist. Mit Kräutern, Salz und wenig Pfeffer abschmecken. Dazu passen Kartoffeln oder Reis.

Nachmittags

Grießflammerie mit Kompott, Milchreis mit Beerenobst oder Apfelmus
oder
Pudding ergänzt mit püriertem Obst für mehr Ballaststoffe
oder
Kekse mit Obst und einem Glas Milch oder selbstgemachtem (echtem) Kakao ohne Zucker oder Chai-Tee
oder
ein Stück Käsekuchen mit Obst

Abends (kann auch gegen die Mittagsmahlzeit getauscht werden)

Gemüse mit Käse: Karotte, Rote Bete, Pastinake, Kürbis vom Blech mit ein paar Käsewürfeln oder Mozzarella
oder
Brot: 1–2 Scheiben feinvermahlenes Vollkornbrot mit Frischkäse oder vegetarischem Aufstrich, dazu selbstgemachter Rohkostsalat
oder
Gemüsesuppe: 200 g Gemüse (z. B. Brokkoli, Blumenkohl, Karotten, Pastinake, Kürbis, Rote Bete, Zucchini, Spinat) in Gemüsebrühe weich gekocht, püriert und mit Frischkäse oder saurer Sahne verfeinert, abschmecken mit Kräutern, Salz und Pfeffer. Dazu 1–2 Scheiben Knäckebrot.

Getränke

Mindestens 1,5 Liter täglich: Wasser, Kräutertee, Früchtetee, schwarzer und grüner Tee, Kaffee, Fruchtsaftschorle

Mahlzeiten für zu Hause und unterwegs planen

Wer sich bewusster ernähren und die Ernährung auf eine besser verträgliche Auswahl an Lebensmitteln und Zubereitungsmethoden umstellen möchte, braucht einen Plan. Dieser kann für den Erfolg der neuen Ernährungsgewohnheiten entscheidend sein, denn Ernährungsfehler entstehen oft, wenn zu wenig Zeit und zu wenig Auswahl vorhanden ist. Dadurch greifen wir doch wieder schnell zu Nahrungsmitteln und Speisen, die Beschwerden verursachen, obwohl wir genau wissen, dass sie uns eher schaden als guttun.

!

Der wichtigste Baustein in der Ernährungsumstellung ist eine gute Vorplanung.

Der wichtigste Baustein in der Ernährungsumstellung ist eine gute Vorplanung. Wenn Sie sich rechtzeitig überlegen, wie Ihr Tag oder Ihre Woche läuft, können Sie besser einschätzen, was Sie brauchen, um sich gut zu versorgen. Ein Speiseplan für den Tag oder die Woche hilft dabei, einen Einkaufszettel zu erstellen. Manche Speisen lassen sich gut vorbereiten, wenn etwas mehr Zeit zur Verfügung steht, und sind dann schon fertig, wenn es doch mal hektisch wird. Eine gute Vorbereitung hilft also dabei, Stress zu reduzieren. Sie sparen Zeit und Energie, wenn Sie nur ein- oder zweimal in der Woche den Einkauf erledigen müssen, statt sich täglich aufs Neue schnell etwas besorgen zu müssen.

Wenn Sie sich vorher einen Plan machen, was Sie einkaufen müssen und wie es zubereitet wird, dann haben Sie es auch leicht, sich in Ruhe für die Lebensmittel zu entscheiden, die wirklich guttun. Rezepte helfen dabei, möglichst viel Abwechslung in den Speiseplan zu bringen. Nach einem anstrengenden Arbeitstag werden Sie es genießen, wenn Sie das mitgebrachte Essen nur noch auspacken müssen und es in Ruhe essen können.

Vorschlag für Ihre Einkaufsliste

Getränke

Gemüse

Obst

Milch und Milchprodukte

Eier

Fisch

Fleisch und Aufschnitt

Nüsse, Ölsaaten, Öl, Streichfett

Kartoffeln, Reis, Nudeln

Getreideprodukte

Gewürze und Kräuter

Snacks

Der Wochenplan

Egal ob Sie für einen Tag oder eine Woche planen: Nehmen Sie sich Ihren Kalender und die Rezepte zur Hand und etwas Zeit für Ihre gesunde Ernährung. Schauen Sie sich an, wie Ihr Tag bzw. Ihre Woche abläuft:

- Bin ich zu Hause oder unterwegs?
- Habe ich Zeit, um essen zu gehen oder sollte ich etwas mitnehmen?
- Kann ich mir etwas aufwärmen oder sollte alles fertig sein?

Am Anfang ist es etwas ungewohnt, schon so weit im Voraus an das Essen zu denken, aber mit der Zeit wird es Ihnen immer selbstverständlicher werden. Kennzeichnen Sie sich alle Mahlzeiten, die Sie planen wollen, in Ihrem Wochenplan.

Wochenplan

	ERSTES FRÜHSTÜCK	ZWEITES FRÜHSTÜCK	MITTAGESSEN	ZWISCHEN-MAHLZEIT	ABENDESSEN
Mo.					
Di.					
Mi.					
Do.					
Fr.					
Sa.					
So.					

Anschließend überlegen Sie, was Sie noch in Ihrem Vorrat haben und was verbraucht werden sollte. Diese Auswahl kann Ihnen bei der Suche nach passenden Rezepten helfen. Suchen Sie sich die Rezepte aus, die Sie zubereiten möchten. Wenn Sie überlegen, was Sie sich wann kochen möchten, stellen Sie sich folgende Fragen:

- Was ist wie lange haltbar?
- Was kann ich wann vorbereiten?
- Was kann ich kalt oder warm essen?
- Was schmeckt mir wann am besten?
- Was fehlt noch für eine ausgewogene Ernährung?

Zum Schluss müssen Sie nur noch die Lebensmittel, die Ihnen für die Zubereitung der Mahlzeiten fehlen, auf Ihren Einkaufszettel schreiben. Nun können Sie ganz gezielt einkaufen was Sie brauchen.

Auf Vorrat kochen

Viele Suppen und Speisen, die Sie sich frisch zubereiten, können in doppelter Menge vorbereitet werden. Lassen Sie die fertige Mahlzeit abkühlen, verpacken Sie sie in Geschirr, das kälte- und hitzebeständig ist, und frieren Sie sie ein. Dafür reicht schon ein kleines Gefrierfach im Kühlschrank.

!

Viele Suppen und Speisen, die Sie sich frisch zubereiten, können in doppelter Menge vorbereitet werden.

Mahlzeiten außer Haus planen

Auch wenn Sie mal absolut keine Zeit haben, sich etwas zu kochen, kann die Mahlzeitenplanung trotzdem gut klappen. Nehmen Sie statt der Rezepte einfach die Speisepläne der Restaurants, Kantinen oder Lieferdienste in Ihrer Nähe zur Hand. Ganz in Ruhe können Sie aussuchen, was Ihnen schmeckt und Ihrem Bauch gut bekommt. Sie können ohne Zeitdruck entscheiden, ob Sie etwas weglassen oder gegen andere Lebensmittel austauchen möchten.

111 REZEPTE FÜR DIE LEICHTE KÜCHE

Sie wissen nun, dass Sie durch eine Ernährungsumstellung sehr viel gegen Ihre Beschwerden tun können: Gesunde Lebensmittel, schonend zubereitet und angepasst an Ihre Bedürfnisse, werden Ihren Speiseplan bereichern. Im Folgenden habe ich für Sie schmackhafte und abwechslungsreiche Rezepte zusammengestellt, die Ihnen guttun. Probieren Sie sie doch einfach einmal aus!

GETRÄNKE

Magenfein-Tee

Beruhigt Magen und Darm

Zubereitungszeit: 5 Minuten
Ziehzeit: ca. 10 Minuten

Eine Portion enthält:

0 kcal	0 g Kohlenhydrate
0 g Eiweiß	0 g Ballaststoffe
0 g Fett	

Zutaten für 1 Liter

- 1 l kochendes Wasser
- 2 gestr. TL Anis, getrocknet
- 1 gestr. TL Kümmelsamen, getrocknet
- 3 gestr. TL Fenchelsamen, getrocknet

Zubereitung

Wasser im Wasserkocher aufkochen. Anis-, Kümmel- und Fenchelsamen in eine Schale geben und mit dem Mörser grob zerkleinern (alternativ kann man die Gewürze mit einem Löffel zerdrücken).

Die zerkleinerten Gewürze in einen Teefilter geben, in eine Teekanne hängen und mit sprudelnd kochendem Wasser übergießen. Den Tee ca. 10 Minuten ziehen lassen, dann den Teebeutel entfernen.

TIPP

Wer mag, kann den Tee mit Honig oder Zucker etwas süßen.

Guten-Morgen-Tee

Erfrischend und stärkend

Zubereitungszeit: 5 Minuten
Ziehzeit: ca. 10 Minuten

Eine Portion enthält:

0 kcal	4 g Kohlenhydrate
0 g Eiweiß	0 g Ballaststoffe
0 g Fett	

Zutaten für 1 Liter

- 1 l kochendes Wasser
- ½ Zitrone (bio)
- 1 Stück Ingwer, in Scheiben
- 3–4 Zweige frische Zitronenmelisse

Zubereitung

Wasser im Wasserkocher aufkochen. Die Zitrone und den Ingwer kurz unter fließendem Wasser abspülen und in Scheiben schneiden. Die Melisse kurz mit kaltem Wasser abbrausen und trocken schütteln.

Zitronenscheiben, Ingwerscheiben und Melisse in eine Teekanne geben, mit kochendem Wasser übergießen und mindestens 10 Minuten ziehen lassen. Vor dem Trinken den Tee durch ein Sieb gießen.

TIPP

Der Tee schmeckt im Sommer auch gekühlt sehr gut.

Blütenduft-Tee

Wohltuender Duft und blumiger Geschmack

Zubereitungszeit: 5 Minuten
Ziehzeit: ca. 10 Minuten

Eine Portion enthält:

0 kcal	4 g Kohlenhydrate
0 g Eiweiß	0 g Ballaststoffe
0 g Fett	

Zutaten für 1 Liter

- 1 l kochendes Wasser
- 1 EL Kamillenblüten, getrocknet
- 1 EL Ringelblumenblüten, getrocknet
- 2 Zweige frische Zitronenmelisse

Zubereitung

Wasser im Wasserkocher aufkochen. Die Zitronenmelisse kurz mit kaltem Wasser abbrausen und trocken schütteln.

Die Kamillenblüten, Ringelblumen und Zitronenmelisse in einer Teekanne mit sprudelnd heißem Wasser aufgießen und den Tee mindestens 8–10 Minuten ziehen lassen. Vor dem Trinken den Tee durch ein Sieb gießen.

TIPP

Anstatt mit Melisse kann dieser Tee auch mit frischer Minze zubereitet werde, dann bekommt er eine erfrischende Note.

Lavendel-Limetten-Tee

Mit Honig gesüßt

Zubereitungszeit: 5 Minuten
Ziehzeit: ca. 10 Minuten

Eine Portion enthält:

0 kcal	4 g Kohlenhydrate
0 g Eiweiß	0 g Ballaststoffe
0 g Fett	

Zutaten für 1 Liter

- 1 l kochendes Wasser
- 1 Limette
- 2 EL Lavendelblüten
- 2 EL Honig

Zubereitung

Wasser im Wasserkocher aufkochen. Die Limetten gut abwaschen, trocken reiben und vierteln. Die Lavendelblüten und Limettenstücke in eine Teekanne geben, mit heißem Wasser übergießen und mindestens 10 Minuten ziehen lassen.

Vor dem Trinken den Tee durch ein Sieb gießen und mit dem Honig süßen.

TIPP

Anstatt mit Honig kann der Tee auch mit Akazienhonig oder Zucker gesüßt werden.

Winterglück

Wärmend für den gesamten Körper

Zubereitungszeit: 10 Minuten
Ziehzeit: 10 Minuten

Eine Portion enthält:

0 kcal	4 g Kohlenhydrate
0 g Eiweiß	0 g Ballaststoffe
0 g Fett	

Zutaten für 1 Liter

900 ml kochendes Wasser
3 TL schwarzer Tee
1 Stange Zimt
½ Orange
100 ml Milch, 1,5 % Fett

Zubereitung

Wasser im Wasserkocher aufkochen. Den schwarzen Tee und die Zimtstange in eine Teekanne geben. Die Orange waschen, trocken reiben und in Scheiben schneiden, ebenfalls in die Teekanne geben.

Alles mit sprudelnd kochendem Wasser übergießen und mindestens 10 Minuten ziehen lassen. Vor dem Trinken den Tee durch ein Sieb geben und die Milch hinzufügen.

TIPP

Anstatt mit Milch kann dieser Tee auch mit Mandel- oder Haferdrink zubereitet werden.

Sommerfrüchte

Ein erfrischender Sommergenuss

Zubereitungszeit: ca. 10 Minuten
Ziehzeit: 20–30 Minuten

Eine Portion enthält:

14 kcal	2 g Kohlenhydrate
0 g Eiweiß	0 g Ballaststoffe
0 g Fett	

Zutaten für 1 Liter

- 1 Limette
- 50 g frische Erdbeeren
- 25 g frische Himbeeren
- 25 g frische Ananas
- 1 l Mineralwasser, medium

Zubereitung

Die Limette halbieren, den Saft auspressen und 2 EL davon abnehmen. Die Erdbeeren und Himbeeren gut abwaschen und putzen, die Erdbeeren halbieren. Das Fruchtfleisch der Ananas in kleine Würfel schneiden.

Das zubereitete Obst in eine Flasche (1 Liter) geben und den Limettensaft hinzufügen. Mit Mineralwasser auffüllen und das Getränk 20–30 Minuten ziehen lassen.

TIPP

Den Limettensaft können Sie auch durch Zitronensaft ersetzen. Das Obst kann auf einen Holzspieß gesteckt und mitgegessen werden.

Gurke-Zitronen-Wasser

Leckerer Gemüsegenuss mit Zitrusaroma

Zubereitungszeit: 5 Minuten
Ziehzeit: ca. 20 Minuten

Eine Portion enthält:

10 kcal	1 g Kohlenhydrate
0 g Eiweiß	0 g Ballaststoffe
0 g Fett	

Zutaten für 1 Liter

- 2 Zweige frische Minze
- 1 kleine Gurke
- ½ Limette (bio)
- ½ Zitrone (bio)
- 1 l Wasser oder Mineralwasser, medium

Zubereitung

Die Minze kurz mit kaltem Wasser abbrausen und trocken schütteln. Die Gurke gut waschen und mit einem Sparschäler in Längsrichtung Streifen abschälen. Die Limette und Zitrone abwaschen, trocken reiben, halbieren und jeweils eine Hälfte in feine Scheiben schneiden.

Alle Zutaten in eine Glasflasche füllen, mit Wasser auffüllen und mindestens 20 Minuten im Kühlschrank kühlen und ziehen lassen.

TIPP

Für eine andere Geschmacksrichtung können Sie auch Dill zupfen und zum Getränk geben.

Green Tea (Cold Brew)

Grüner Tee mal anders

Zubereitungszeit: 10 Minuten
Ziehzeit: mindestens 6 Stunden

Eine Portion enthält:

0 kcal	4 g Kohlenhydrate
0 g Eiweiß	0 g Ballaststoffe
0 g Fett	

Zutaten für 1 Liter

- 1 l abgekochtes Wasser
- ½ Zitrone (bio)
- 50 g Cranberrys, getrocknet
- 1 EL grüne Teeblätter (z. B. Sencha)

Zubereitung

Wasser im Wasserkocher aufkochen und wieder abkühlen lassen. Die unbehandelte Zitrone mit kaltem Wasser abwaschen und in Scheiben schneiden, in eine große Glasflasche geben, Cranberrys und den grünen Tee hinzufügen.

Mit dem abgekochten Wasser auffüllen und im Kühlschrank mindestens 6 Stunden ziehen lassen. Vor dem Trinken den Green Tea durch ein Sieb ins gewünschte Glas gießen.

TIPP

Den Tee am besten am Abend zubereiten und über Nacht im Kühlschrank ziehen lassen.

Orangen-Spritz

Ein erfrischender Sommergenuss

Zubereitungszeit: 10 Minuten
Ziehzeit: ca. 20 Minuten

Eine Portion enthält:

22 kcal	4 g Kohlenhydrate
0 g Eiweiß	0 g Ballaststoffe
0 g Fett	

Zutaten für 1 Liter

- 800 ml kochendes Wasser
- ½ ungespritzte Orange
- 1 walnussgroßes Stück Ingwerknolle
- 100 ml Preiselbeer-Direktsaft

Zubereitung

Wasser im Wasserkocher aufkochen und wieder abkühlen lassen. Die Orange waschen, mit einem Tuch trocknen reiben und halbieren, eine Hälfte in Scheiben schneiden.

Ingwer abspülen, in kleine Scheiben schneiden und mit den Orangenscheiben in eine Flasche (1 Liter) geben. Die Flasche mit dem abgekühlten Wasser und Preiselbeersaft auffüllen und 20 Minuten ziehen lassen.

TIPP

Die Ingwer- und Orangenscheiben nach der Ziehzeit entfernen, sonst wird der Tee leicht bitter.

Mango-Lassi

Zu gut gewürztem Essen oder als Erfrischung zwischendurch

Zubereitungszeit: ca. 10 Minuten

Eine Portion enthält:

61 kcal	8 g Kohlenhydrate
3 g Eiweiß	0 g Ballaststoffe
1 g Fett	

Zutaten für 4 Gläser

½ Mango
1 EL Zitronensaft
300 g Joghurt, 1,5 % Fett
150 ml Wasser
1 Prise Kardamom, getrocknet

Zubereitung

Die Mango schälen und in kleine Würfel schneiden. Die Zitrone halbieren, Saft auspressen, einen Esslöffel abnehmen und mit der Mango in ein hohes Gefäß geben. Joghurt hinzufügen und alles mit einem Pürierstab fein pürieren.

Mit Wasser auffüllen, mit Kardamom abschmecken und auf 4 Gläser verteilen.

TIPP

Mango-Lassi schmeckt am besten leicht gekühlt.

Rhabarber-Vanille-Limo

Erfrischt mit sanften Geschmack

Zubereitungszeit: 25 Minuten
Ziehzeit: ca. 30 Minuten
Kühlzeit: 60 Minuten

Eine Portion enthält:

10 kcal	2,4 g Kohlenhydrate
0 g Eiweiß	0 g Ballaststoffe
0 g Fett	

Zutaten für 12 Gläser

1 kg rotstieliger Rhabarber
125 g frische Erdbeeren
Saft einer Zitrone
750 ml abgekochtes Wasser
50 g Zucker
2 Tüten Vanillezucker
1 Zitrone (bio)

Zubereitung

Rhabarber und Erdbeeren waschen, putzen, würfeln und in einen Kochtopf geben. Zitronensaft, Wasser, Zucker und Vanillezucker zugeben und aufkochen. Wenn der Rhabarber zerfallen ist, den Topf vom Herd nehmen und 30 Minuten ruhen lassen.

Fruchtpüree auf ein feines Sieb geben und gut ausdrücken, dabei den Saft auffangen. Saft in eine Flasche abfüllen, verschließen und abkühlen lassen. Zitrone waschen, in Scheiben schneiden und auf die Gläser verteilen. Rhabarbersirup zugeben und mit Mineralwasser auffüllen.

MÜSLI UND ANDERE FRÜHSTÜCKSIDEEN

Kirsch-Smoothie

Der Geschmack von Schoko-Kirsch im Glas

Zubereitungszeit: 10 Minuten

Eine Portion enthält:

313 kcal	35 g Kohlenhydrate
19 g Eiweiß	5 g Ballaststoffe
10 g Fett	

Zutaten für 2 Portionen

- 150 g Kirschen aus dem Glas
- 120 ml Espresso
- 150 g Magerquark
- 200 ml Milch, 1,5 % Fett
- 1 EL Vanillezucker
- 4 EL Schmelzflocken
- 40 g Haselnüsse, gemahlen
- 1 TL Kakaopulver

Zubereitung

Kirschen aus dem Glas nehmen und auf einem Sieb abtropfen lassen. Espresso zubereiten. Kirschen, Espresso, Magerquark, Milch, Vanillezucker, Schmelzflocken und Haselnüsse in ein hohes Gefäß geben und sehr fein pürieren.

Smoothie auf 2 Gläser verteilen und mit dem Kakaopulver bestreuen.

TIPP

Der Smoothie kann gut mitgenommen werden, um ihn später zu trinken. Am besten mit einem Kühlpack transportieren, so bleibt er kühl.

Himbeer-Smoothie

Mit Joghurt – besser als nur Saft

Zubereitungszeit: 5 Minuten

Eine Portion enthält:

281 kcal
12 g Eiweiß
9,5 g Fett
34 g Kohlenhydrate
7 g Ballaststoffe

Zutaten für 2 Portionen

150 g Himbeeren, frisch oder tiefgekühlt
150 ml Orangensaft
300 g Joghurt, 1,5 % Fett
2 EL Mandeln, gemahlen
4 EL Schmelzflocken
etwas Vanillezucker

Zubereitung

Alle Zutaten in ein hohes Gefäß geben und sehr fein miteinander pürieren. Smoothie auf 2 Gläser verteilen und genießen.

TIPP

Der Smoothie dickt durch die Schmelzflocken mit der Zeit etwas an. Wer es flüssiger mag, kann noch etwas von dem Saft aus dem Glas zugeben.

Basismüsli

Für den Vorrat

Zubereitungszeit: 15 Minuten

Eine Portion enthält:

166 kcal	27,5 g Kohlenhydrate
7 g Eiweiß	4 g Ballaststoffe
3 g Fett	

Zutaten für 10 Portionen

- 80 g Buchweizen
- 200 g Haferflocken, fein
- 160 g Dinkelflocken
- 40 g Cornflakes, ungezuckert
- 20 g Sonnenblumenkerne
- 20 g Leinsamen

Zubereitung

Buchweizen in einer Pfanne ohne Fett kurz anrösten, vom Herd nehmen und zum Abkühlen auf einen flachen Teller schütten. Alle Zutaten in eine große Schüssel geben und miteinander vermischen.
Das Basismüsli zum Aufbewahren in ein luftdicht verschließbares Gefäß geben.

TIPP

Für ein leckeres Frühstück einfach 50 g Basismüsli mit ca. 200 ml Milch oder Joghurt vermischen und frisches Obst dazugeben.

Porridge

Beruhigt Magen und Darm

Zubereitungszeit: 20 Minuten
Quellzeit: ca. 10 Minuten

Eine Portion enthält:

387 kcal	54 g Kohlenhydrate
15 g Eiweiß	7 g Ballaststoffe
11 g Fett	

Zutaten für 2 Portionen

- 400 ml Milch, 1,5 % Fett
- 80 g Haferflocken, fein
- 1 EL Zucker
- 1 kleine Banane
- etwas Zitronensaft
- 1 kleine Handvoll Himbeeren
- 1 kleine Handvoll Heidelbeeren
- 2 EL Erdmandeln

Zubereitung

Milch in einem Topf aufkochen und Haferflocken einrühren. Nochmals kurz aufkochen, dann den Topf vom Herd nehmen. Zucker in den Haferbrei einrühren und auf 2 Schüsseln verteilen.
Banane in Scheiben schneiden, mit etwas Zitronensaft beträufeln und auf die Schüsseln geben. Beerenobst säubern und ebenfalls auf den Porridge geben. Je 1 EL Erdmandeln auf das Porridge streuen und genießen.

Hirsebrei mit Kiwi-Banane

Es muss nicht immer Reis sein

Zubereitungszeit: 20 Minuten
Quellzeit: ca. 10 Minuten

Eine Portion enthält:

344 kcal	63 g Kohlenhydrate
11 g Eiweiß	5 g Ballaststoffe
4 g Fett	

Zutaten für 2 Portionen

- 300 ml Milch, 1,5 % Fett
- Schale einer ½ Zitrone (bio)
- 80 g Hirseflocken
- 2 Kiwis
- 1 mittlere Banane
- 2 EL brauner Zucker

Zubereitung

Zitrone abspülen, mit dem Sparschäler 2 lange Streifen abschneiden. Milch mit Zitronenschale im Topf aufkochen, Hirseflocken einstreuen und nochmals aufkochen. Topf vom Herd nehmen und den Brei etwas quellen lassen.

Kiwis schälen und vierteln, Banane schälen und in große Stücke schneiden. Das Obst mit dem Zucker in ein hohes Gefäß geben und fein pürieren.

Die Zitronenschale aus dem Hirsebrei nehmen, den Brei auf 2 Schüsseln verteilen und das Fruchtpüree daraufgeben.

TIPP

Wer es schnell und einfach mag, kann den Brei kochen und fertiges Fruchtpüree dazugeben.

Overnight-Oats

Abends vorbereiten und morgens genießen

Zubereitungszeit: 15 Minuten
Quellzeit: ca. 8 Stunden

Eine Portion enthält:

381 kcal	53 g Kohlenhydrate
18 g Eiweiß	7 g Ballaststoffe
10 g Fett	

Zutaten für 2 Portionen

80 g Haferflocken
1 geriebener Apfel
150 g Magerquark
Zimt
1 EL Zucker
125 g Trauben ohne Kerne
2 EL gemahlene Walnüsse

Zubereitung

Haferflocken in eine Schüssel geben. 160 ml Wasser zugeben und alles über Nacht zum Quellen in den Kühlschrank stellen.

Den Apfel schälen, reiben und mit Quark, Zimt und Zucker unter den Hafer rühren. Die Trauben halbieren. Die Overnight-Oats in 2 Schüsseln anrichten und die Trauben mit den gemahlenen Walnüssen zugeben.

TIPP

Wer es lieber etwas cremiger mag, kann Quark und Joghurt im Verhältnis 1:1 verrühren.

Frischkornbrei

Besonders lecker

Zubereitungszeit: 15 Minuten
Quellzeit: ca. 8 Stunden

Eine Portion enthält:

262 kcal	45 g Kohlenhydrate
8,5 g Eiweiß	5 g Ballaststoffe
4,5 g Fett	

Zutaten für 2 Portionen

80 g Dinkel, geschrotet
200 g Joghurt, 1,5 % Fett
200 g Melone
50 g Beerenobst
2 EL Ahornsirup

Zubereitung

Dinkelschrot in eine Schüssel geben. 150 ml Wasser zugeben und alles über Nacht zum Einweichen in den Kühlschrank stellen. Morgens die Schüssel aus dem Kühlschrank nehmen und den Joghurt unterrühren.

Die Melone teilen, Kerne entfernen, die Schale abschneiden und das Fruchtfleisch in Würfel schneiden. Das Beerenobst kurz waschen und auf einem Küchenkrepp abtropfen lassen.

Den Frischkornbrei in 2 Schüsseln anrichten und das Obst dazugeben. Zum Abschluss mit Ahornsirup süßen und servieren.

Süßer Frühstücks-Pancake

Frühstück aus der Pfanne

Zubereitungszeit: 30 Minuten
Quellzeit: ca. 30 Minuten

Eine Portion enthält:

343 kcal	39 g Kohlenhydrate
17 g Eiweiß	6 g Ballaststoffe
11 g Fett	

Zutaten für 2 Portionen

- 65 g Weizenmehl, Type 1050
- 1 gestr. TL Natron
- 1 TL Zitronensaft
- 65 ml Buttermilch
- 1 Ei
- 110 g Magerquark
- Salz
- 1 EL Öl
- 3 EL Orangensaft
- 100 g Heideleeren
- 100 g Erdbeeren
- 100 g Mango

Zubereitung

Mehl, Natron, Zitronensaft, Buttermilch, Ei, 50 g Magerquark und Salz gut miteinander zu einem zähflüssigen Teig verrühren. Den Teig 30 Minuten zum Quellen beiseitestellen. Nochmals umrühren und eventuell noch etwas Flüssigkeit hinzufügen, damit der Teig in der Pfanne gut zerläuft.

In einer Pfanne etwas Öl erhitzen und die Pfannkuchen darin ausbacken. Den restlichen Quark mit dem Orangensaft glatt rühren und auf die Pfannkuchen geben. Das Obst putzen, waschen und in mundgerechte Stücke schneiden, dann auf die Pfannkuchen verteilen.

TIPP

Natron ist ein natürlich vorkommendes Salz. Es ist im Handel auch unter den Namen Speisesoda, Backsoda oder Speisenatron erhältlich. Backpulver ist eine Mischung aus Natron und einer Säure (plus Trennmittel), stellt also einen Bestandteil von Natron dar. Wenn Backpulver überdosiert wird, bekommt das Gebäck leicht einen metallischen Geschmack. Verwenden Sie deshalb für Gebäck mit geringer Mehlmenge lieber Natron.

Pikanter Frühstücks-Pancake

Kräftiger Geschmack

Zubereitungszeit: 30 Minuten
Quellzeit: ca. 30 Minuten

Eine Portion enthält:

323 kcal	29 g Kohlenhydrate
21 g Eiweiß	4 g Ballaststoffe
13 g Fett	

Zutaten für 2 Portionen

65 g Weizenmehl, Type 1050
1 gestr. TL Natron
1 TL Zitronensaft
65 ml Buttermilch
1 Ei
50 g Magerquark
Salz
100 g Zucchini
100 g Paprika
100 g Tomate
1 EL Öl
50 g Kräuterquark
30 g Käse, gerieben

Zubereitung

Mehl, Natron, Zitronensaft, Buttermilch, Ei, Magerquark und Salz gut miteinander zu einem zähflüssigen Teig verrühren. Den Teig 30 Minuten zum Quellen beiseitestellen.

Das Gemüse putzen, waschen und in mundgerechte Stücke schneiden. Die Tomaten zur Seite legen. Die Zucchini und Paprika mit wenig Öl kurz in der Pfanne andünsten.

Den Teig nochmals umrühren und eventuell noch etwas Flüssigkeit hinzufügen, damit der Teig nicht zu dick wird. In einer Pfanne etwas Öl erhitzen und die Pfannkuchen darin ausbacken.

Den Kräuterquark auf die Pfannkuchen streichen. Das Gemüse und den Käse zum Schluss auf die Pfannkuchen verteilen.

TIPP

Ideal vorzubereiten für ein Picknick.

Tomate-Mozzarella-Brötchen

Kräftiger Geschmack

Zubereitungszeit: 15 Minuten

Eine Portion enthält:

353 kcal	30 g Kohlenhydrate
19 g Eiweiß	6 g Ballaststoffe
17 g Fett	

Zutaten für 2 Portionen

- 2 Vollkornbrötchen
- 2 EL Frischkäse
- 1 EL Pesto
- 125 g Mozzarella
- 2 Tomaten
- 50 g Rucola (oder Feldsalat)

Zubereitung

Brötchen aufschneiden, jeweils eine Hälfte mit Frischkäse und eine Hälfte mit Pesto bestreichen. Mozzarella und Tomate in Scheiben schneiden und die Brötchen damit belegen.

Rucola abwaschen, trocken schütteln, lange Stiele entfernen und das Blattgrün auf die Brötchen geben. Brötchen zusammenklappen und genießen.

Sandwich

Frühstück auch mal zum Mitnehmen

Zubereitungszeit: 15 Minuten

Eine Portion enthält:

251 kcal	19 g Kohlenhydrate
15 g Eiweiß	3 g Ballaststoffe
13 g Fett	

Zutaten für 2 Portionen

- 6 Scheiben Dreikorntoast
- 40 g Frischkäse
- 100 g Radieschen
- 150 g Salatgurke
- 100 g gekochter Schinken (oder Geflügelaufschnitt)
- Kresse

Zubereitung

Brote toasten und mit Frischkäse bestreichen. Radieschen und Gurke auf der Gemüsereibe grob raspeln. Gemüse auf die Toastscheiben verteilen. Den Schinken und die Kresse ebenfalls auf die Toastscheiben geben.

Jeweils drei Scheiben zur Klappstulle zusammenklappen und einmal diagonal durchschneiden, so dass am Ende 4 hohe Dreiecke entstehen.

TIPP

Luftdicht eingepackt kann das Sandwich zum späteren Verzehr mitgenommen werden.

BROT UND BRÖTCHEN

Tante Jennys Knäcke

Ein Snack für zwischendurch

Zubereitungszeit: 10 Minuten
Gehzeit: ca. 60 Minuten
Backzeit: 10–20 Minuten
Trocknungszeit: 24 Stunden

Eine Portion enthält:

67 kcal	8 g Kohlenhydrate
2 g Eiweiß	1 g Ballaststoffe
3 g Fett	

Zutaten für 20 Scheiben

- 200 g Dinkelvollkornmehl
- 50 g Sesamsamen
- 1 EL Honig
- ½ TL Salz
- 150 ml Wasser
- 40 g Butter
- etwas Mehl zum Ausrollen

Zubereitung

Dinkelmehl in eine Schüssel sieben, Sesam, Honig, Salz, Wasser und Butter zugeben. Alles mit den Knethaken gut miteinander verkneten und abgedeckt für eine Stunde ruhen lassen. Backofen auf 200 °C Ober-/Unterhitze vorheizen.

Ein Backblech mit Backpapier auslegen, mit der Teigrolle und etwas Mehl den Teig dünn ausrollen. Das Blech in den Backofen auf die mittlere Schiene schieben und 10–20 Minuten backen.

Nach dem Backen mit einem Messer in 20 gleichgroße Stücke schneiden oder rund ausstechen. Wenn das Gebäck etwas abgekühlt ist, langsam vom Backpapier lösen und auf einen Küchengitter etwa 24 Stunden trocknen lassen. Dann lässt sich das Knäcke in einer Dose lagern.

TIPP

Knäckebrot hält sich gut getrocknet lange in Vorratsdosen.

Milchbrötchen

Süß mit einer leichten Zimtnote

Zubereitungszeit: 10 Minuten
Gehzeit: ca. 60 Minuten + 30 Minuten
Backzeit: 25–30 Minuten

Eine Portion enthält:

199 kcal	38 g Kohlenhydrate
7 g Eiweiß	2 g Ballaststoffe
2 g Fett	

Zutaten für 12 Brötchen

200 ml warme Milch
500 g Weizenmehl, Type 550
20 g frische Hefe
75 g Zucker
½ TL Salz
1 TL Zimt
2 Eier
etwas Mehl zum Kneten

Zubereitung

Von der Milch ca. 2 EL zu Seite stellen. Mehl in eine große Schüssel sieben. Hefe auf das Mehl bröseln, Zucker, Milch, Salz, Zimt und Eier hinzufügen und alles mit den Knethaken gründlich zu einem gleichmäßigen Teig verkneten.

Ein feuchtes Küchentuch auf die Schüssel legen, damit der Teig nicht austrocknet, und ca. 1 Stunde ruhen lassen, bis sich der Teig verdoppelt hat.

Den Teig mit etwas Mehl vom Rand der Schüssel lösen, nochmals durchkneten und in 12 Teigkugeln teilen. 12 Brötchen formen und auf ein mit Backpapier ausgelegtes Backblech legen. Nochmals ca. 30 Minuten gehen lassen.

Backofen auf 175 °C Umluft vorheizen. Eine Schüssel mit Wasser unten in den Ofen stellen. Die Brötchen mit einem Backpinsel und etwas Milch von oben bestreichen, dann das Backblech auf die mittlere Schiene schieben und etwa 25–30 Minuten backen, bis sie goldbraun sind.

Nach dem Backen die Brötchen kurz abkühlen lassen, auf ein Küchengitter legen und vollständig auskühlen lassen.

TIPP

Wer Zimt gern mag, nimmt 2 TL in den Teig. Wer Zimt nicht mag, nimmt stattdessen geriebene Vanille.

Süßes Kürbisbrot

Mit Aufstrich zum Frühstück oder nachmittags zum Tee

Zubereitungszeit: 30 Minuten
Gehzeit: ca. 60 Minuten + 30 Minuten
Backzeit: ca. 45 Minuten

Eine Portion enthält:

135 kcal	26 g Kohlenhydrate
4 g Eiweiß	1,5 g Ballaststoffe
1,5 g Fett	

Zutaten für 18 Scheiben

- 500 g Kürbis, geputzt (ergibt 300 g Kürbispüree)
- 1 EL Öl
- 500 g Weizenmehl, Type 550
- 20 g frische Hefe
- 2 EL warmes Wasser
- ½ TL Zucker
- 75 g Zucker
- 1 TL Salz
- 1 Ei
- 150 g Joghurt, 1,5 % Fett
- Mehl zum Kneten

Zubereitung

Kürbis in Würfel schneiden und auf einem Backblech im Ofen bei 160 °C Ober-/Unterhitze ca. 20 Minuten garen, bis er weich ist. Anschließend in ein hohes Gefäß geben und 1 EL Öl hinzufügen. Mit dem Pürierstab fein pürieren.

Weizenmehl in eine große Schüssel sieben. Die Hefe mit 2 EL warmem Wasser und einem ½ TL Zucker auflösen und auf das Mehl geben.

Zucker, Salz, Ei, Joghurt und Kürbispüree hinzufügen und alles miteinander mit den Knethaken gründlich zu einem gleichmäßigen Teig verkneten. Ein feuchtes Küchentuch auf die Schüssel legen, damit der Teig nicht austrocknet, und ca. 1 Stunde ruhen lassen, bis sich der Teig verdoppelt hat.

Den Teig mit etwas Mehl vom Rand der Schüssel lösen, nochmals durchkneten und in eine gefettete Kastenform legen. Nochmals ca. 30 Minuten gehen lassen.

Backofen auf 175 °C Umluft vorheizen. Eine Schüssel mit Wasser unten in den Ofen stellen. Das Brot im Backofen auf der mittleren Schiene 45 Minuten backen. Nach dem Backen das Brot in der Form kurz abkühlen lassen, auf ein Küchengitter legen und vollständig auskühlen lassen.

TIPP

Für den Vorrat das Brot nach dem Abkühlen in Scheiben schneiden und portionsweise in Gefriertüten einfrieren.

Vollkornbrot mit feinem Hafer

Ganzes Korn, fein vermahlen

Zubereitungszeit: 10 Minuten
Gehzeit: mindestens 60 Minuten + 60 Minuten
Backzeit: ca. 40 Minuten

Eine Portion enthält:

118 kcal	17 g Kohlenhydrate
5 g Eiweiß	3 g Ballaststoffe
3 g Fett	

Zutaten für 20 Portionen

- 400 g Dinkelvollkornmehl
- 130 g feine Haferflocken
- 40 g frisch Hefe
- 400 ml warme Milch
- 1 TL Salz
- 1 TL Brotgewürz
- 2 EL Öl
- Mehl zum Kneten
- Haferflocken zum Bestreuen

Zubereitung

Dinkelvollkornmehl in eine große Schüssel sieben, Haferflocken zugeben und gut miteinander vermischen. Die Hefe auf das Mehl bröseln. Milch, Salz, Brotgewürz und Öl hinzufügen und alles miteinander mit den Knethaken gründlich zu einem gleichmäßigen Teig verkneten.

Ein feuchtes Küchentuch auf die Schüssel legen, damit der Teig nicht austrocknet, und ca. 1 Stunde ruhen lassen, bis sich der Teig verdoppelt hat.

Den Teig mit etwas Mehl vom Rand der Schüssel lösen, nochmals durchkneten, einen Brotlaib formen und auf ein mit Backpapier ausgelegtes Backblech legen. Nochmals abgedeckt ca. 1 Stunde gehen lassen. Backofen auf 180 °C Umluft vorheizen. Eine Schüssel mit Wasser unten in den Ofen stellen. Den Brotlaib mit Wasser bestreichen und mit Haferflocken bestreuen. Im Backofen auf der mittleren Schiene 40–45 Minuten backen. Nach dem Backen das Brot in der Form kurz abkühlen lassen, auf ein Küchengitter legen und vollständig auskühlen lassen.

TIPP

Wer kein Brotgewürz hat, kann es aus 2 Teebeuteln Anis-Fenchel-Kümmel-Tee schnell selbst zubereiten: Teebeutel aufschneiden und eventuell noch etwas feiner mörsern, fertig!

Grahambrot

Mit wenig Zutaten viel Geschmack, Slow-baking

Zubereitungszeit: 20 Minuten
Gehzeit: ca. 8–9 Stunden
Backzeit: ca. 40 Minuten

Eine Portion enthält:

86 kcal	16 g Kohlenhydrate
4 g Eiweiß	5 g Ballaststoffe
1 g Fett	

Zutaten für 16 Portionen

60 g Weizenkleie
220 ml warmes Wasser
20 g frische Hefe
etwas Zucker
400 g Weizenvollkornmehl
1 TL Salz

Zubereitung

Die Kleie in eine Schüssel geben und mit 120 ml warmem Wasser 4 Stunden einweichen.

Für den Vorteig die frische Hefe in eine große Teigschüssel zerbröseln, mit etwas Zucker und 100 ml warmem Wasser glatt rühren. Von dem Vollkornmehl 100 g unter die Hefe rühren. Ein feuchtes Küchentuch auf die Schüssel legen und den Teig an einem warmen Ort gehen lassen, bis er nach ca. 30 Minuten Blasen wirft.

Das restliche Wasser, das restliche Mehl und Salz unter den Vorteig kneten und nochmals 2 Stunden an einem warmen Ort gehen lassen.

Wenn der Teig sich deutlich vergrößert hat, die eingeweichte Kleie unter den Teig kneten. Den Teig in eine Backform geben, wieder abdecken und nochmals 2 Stunden gehen lassen.

Den Backofen auf 200 °C Ober-/Unterhitze vorheizen und das Brot im Ofen auf der mittleren Schiene etwa 40 Minuten backen. Das Brot ist gar, wenn es sich beim Daraufklopfen hohl anhört. Das Brot 10 Minuten abkühlen lassen, dann auf ein Küchengitter legen und vollständig auskühlen lassen.

TIPP

Grahambrot ist ein altes Brotrezept, das besonders saftig ist und ohne viele Geschmackszutaten auskommt.

Sauerteigbrot

Herzhaft belegt ein Genuss

Zubereitungszeit: 10 Minuten
Quellzeit: ca. 4 Stunden + 45 Minuten
Backzeit: ca. 35–45 Minuten

Eine Portion enthält:

130 kcal	26 g Kohlenhydrate
5 g Eiweiß	5 g Ballaststoffe
1 g Fett	

Zutaten für 16 Scheiben

- 350 g Einkornmehl (Emmer)
- 250 g Roggenmehl, Type 1150
- 75 g Sauerteig
- 20 g frische Hefe
- 1 TL Honig
- 100 ml warmes Wasser
- 300 ml Mich 1,5% Fett
- 1 TL Salz
- 1 TL Brotgewürz

Zubereitung

Einkornmehl und Roggenmehl in eine große Schüssel sieben und gut vermischen. Sauerteig auf das Mehl geben. Die Hefe mit etwas Honig und dem warmen Wasser gut auflösen und zum Teig geben.

Milch, Salz und Brotgewürz hinzufügen und alles mit den Knethaken gründlich zu einem gleichmäßigen Teig verkneten. Ein feuchtes Küchentuch auf die Schüssel legen, damit der Teig nicht austrocknet, und ca. 4 Stunden ruhen lassen.

Den Teig mit etwas Mehl vom Rand der Schüssel lösen, nochmals durchkneten, einen Brotlaib formen und in eine eingefettete Backform legen. Nochmals abgedeckt ca. 45 Minuten gehen lassen.

Backofen auf 180 °C Umluft vorheizen. Eine Schüssel mit Wasser unten in den Ofen stellen. Den Brotlaib mit Wasser bestreichen. Im Backofen auf der mittleren Schiene 35–45 Minuten backen.

Nach dem Backen das Brot in der Form kurz abkühlen lassen, auf ein Küchengitter legen und vollständig auskühlen lassen.

TIPP

Sauerteig kann man in Trockenform oder als Flüssigsauerteig fertig kaufen.

Goldener Buttertoast

Leicht bekömmlich

Zubereitungszeit: 10 Minuten
Gehzeit: ca. 60 Minuten + 30 Minuten
Backzeit: ca. 45 Minuten

Eine Portion enthält:

124 kcal	19 g Kohlenhydrate
4,5 g Eiweiß	2 g Ballaststoffe
3 g Fett	

Zutaten für 16 Scheiben

- 200 g Dinkelmehl, Type 630
- 200 g Weizenmehl, Type 550
- 40 g Weizenkleie
- 1 EL Gold-Leinsamen, geschrotet
- 40 g frische Hefe
- ½ TL Zucker
- 1 TL Salz
- ½ TL Anis, gemahlen
- 400 ml Buttermilch
- 40 g Butter
- etwas Mehl zum Kneten

Zubereitung

Weizen- und Dinkelmehl in eine große Schüssel sieben, Weizenkleie und Leinsamen zugeben und alles vermischen. Die Hefe mit 2 EL warmem Wasser und einem ½ TL Zucker auflösen und auf das Mehl geben. Salz, Anis, Buttermilch und Butter hinzufügen und alles miteinander mit den Knethaken gründlich zu einem gleichmäßigen Teig verkneten.

Ein feuchtes Küchentuch auf die Schüssel legen, damit der Teig nicht austrocknet, und ca. 1 Stunde ruhen lassen, bis sich der Teig verdoppelt hat.

Den Teig mit etwas Mehl vom Rand der Schüssel lösen, nochmals durchkneten und in eine gefettete Kastenform legen. Nochmals ca. 30 Minuten gehen lassen.

Backofen auf 175 °C Umluft vorheizen. Eine Schüssel mit Wasser unten in den Ofen stellen. Das Brot im Backofen auf der mittleren Schiene 45 Minuten backen. Nach dem Backen das Brot in der Form kurz abkühlen lassen, auf ein Küchengitter legen und vollständig auskühlen lassen. Das Brot kann nun in Scheiben geschnitten und getoastet werden.

TIPP

Wenn Sie frisches Brot toasten, wird es bekömmlicher.

Dreikorn-Toast

Reich an leicht bekömmlichen Ballaststoffen

Zubereitungszeit: 10 Minuten
Gehzeit: ca. 60 Minuten + 30 Minuten
Backzeit: ca. 45 Minuten

Eine Portion enthält:

105 kcal	20 g Kohlenhydrate
4 g Eiweiß	2 g Ballaststoffe
1 g Fett	

Zutaten für 18 Scheiben

200 g Dinkelmehl, Type 630
200 g Weizenmehl, Type 550
50 g Haferkleieflocken
1 TL Flohsamenschalen oder 1 EL Leinsamen, geschrotet
40 g frische Hefe
1 TL Salz
400 ml warmes Wasser
etwas Mehl zum Kneten

Zubereitung

Weizen- und Dinkelmehl in eine große Schüssel sieben, Haferkleieflocken und Flohsamenschalen bzw. Leinsamen zugeben und alles vermischen. Die Hefe mit 2 EL warmem Wasser und einem ½ TL Zucker auflösen und auf das Mehl geben.

Salz und Wasser hinzufügen und alles mit den Knethaken gründlich zu einem gleichmäßigen Teig verkneten. Der Teig ist zuerst sehr klebrig, das liegt an der Haferkleie.

Ein feuchtes Küchentuch auf die Schüssel legen, damit der Teig nicht austrocknet, und ca. 1 Stunde ruhen lassen, bis sich der Teig verdoppelt hat.

Den Teig mit etwas Mehl vom Rand der Schüssel lösen, nochmals durchkneten und in eine gefettete Kastenform legen. Nochmals ca. 30 Minuten gehen lassen. Backofen auf 175 °C Umluft vorheizen. Eine Schüssel mit Wasser unten in den Ofen stellen.

Das Brot im Backofen auf der mittleren Schiene 45 Minuten backen. Nach dem Backen das Brot in der Form kurz abkühlen lassen, auf ein Küchengitter legen und vollständig auskühlen lassen. Das Brot kann nun in Scheiben geschnitten und getoastet werden.

TIPP

Für den Vorrat das Brot nach dem Abkühlen in Scheiben schneiden und portionsweise in Gefriertüten einfrieren.

Dinkelbrötchen

Abends vorbereitet, morgens gebacken

Zubereitungszeit: 10 Minuten
Gehzeit: ca. 8 Stunden
Backzeit: ca. 25 Minuten

Eine Portion enthält:

177 kcal	29 g Kohlenhydrate
7 g Eiweiß	4 g Ballaststoffe
3 g Fett	

Zutaten für 12 Brötchen

- 500 g Dinkelvollkornmehl
- 20 g frische Hefe
- etwas Zucker
- 1 TL Salz
- 1 TL Brotgewürz
- 300 ml Buttermilch
- 2 EL Öl

Zubereitung

Dinkelvollkornmehl in eine große Schüssel sieben. Die Hefe mit etwas Zucker in Wasser auflösen und auf das Mehl geben.

Salz, Brotgewürz, Buttermilch und Öl hinzufügen und alles erst mit den Knethaken, dann mit den Händen gründlich zu einem gleichmäßigen Teig verkneten. Ein feuchtes Küchentuch auf die Schüssel legen, damit der Teig nicht austrocknet, und über Nacht an einem kühlen Ort ruhen lassen.

Den Teig morgens nochmals durchkneten, 12 Brötchen formen und auf ein mit Backpapier ausgelegtes Backblech legen. Nochmals ca. 20 Minuten gehen lassen.

Backofen auf 180 °C Umluft vorheizen. Eine Schüssel mit Wasser unten in den Ofen stellen. Die Brötchen mit Wasser bestreichen. Im Backofen auf der mittleren Schiene 25–30 Minuten backen. Nach dem Backen kurz abkühlen lassen und servieren.

TIPP

Das ideale Rezept für selbst zubereitete Sonntagsbrötchen.

Pizzateig

Grundteig

Zubereitungszeit: 10 Minuten
Gehzeit: 60 Minuten
Garzeit: 25–35 Minuten

Eine Portion (ohne Belag) enthält:

428 kcal	50 g Kohlenhydrate
15 g Eiweiß	6 g Ballaststoffe
18 g Fett	

Zutaten für 4 Portionen

300 g Dinkelvollkornmehl
1 TL Backpulver
150 g Buttermilchquark, 0,5 % Fett
60 ml Milch, 1,5 % Fett
60 ml Öl
1 TL Salz

Zubereitung

Backofen auf 200 °C Ober-/Unterhitze vorheizen. Dinkelvollkornmehl in eine große Schüssel sieben. Backpulver untermischen. Buttermilchquark, Milch, Öl und Salz zugeben. Alles erst mit den Knethaken, dann mit den Händen kräftig zu einem glatten Teig verkneten.

Den Teig auf einem mit Backpapier ausgelegtem Backblech ausrollen. Sieht erst dünn aus, aber der Teig geht durch das Backpulver noch etwas auf.

Den Teig nach Belieben belegen, dann das Backblech auf die mittlere Schiene geben und 25–30 Minuten backen.

TIPP

Den Teig können Sie mit 400 g gewürztem Tomatenpüree und 200 g Mozzarella belegen. Bei 200 °C 25–35 Minuten backen und anschließend mit frischer Rauke bestreuen und servieren.

SUPPEN

Karotten-Kürbis-Orangen-Suppe

Kürbisfleisch macht die Suppe cremig

Zubereitungszeit: 30 Minuten

Eine Portion enthält:

90 kcal	9 g Kohlenhydrate
2 g Eiweiß	5 g Ballaststoffe
5 g Fett	

Zutaten für 4 Portionen

- 8 Karotten
- 200 g Kürbisfleisch (z. B. Hokkaido, Butternut)
- 2 EL Butter
- 500 ml Gemüsebrühe
- 100 ml Orangensaft
- 2 EL Joghurt, 1,5 % Fett
- 2 EL Kürbiskerne

TIPP

Die Kürbiskerne können in einer trockenen Pfanne bei mittlerer Hitze leicht angeröstet werden, bis sie anfangen zu duften. Dadurch bekommen die Kerne einen noch nussigeren Geschmack.

Zubereitung

Die Karotten waschen, putzen, schälen und in Stücke schneiden. Den Kürbis waschen, halbieren, die Kerne entfernen, 200 g abnehmen, erst in Spalten und dann in Würfel schneiden.

Die Butter in einem Topf erhitzen und die Karottenwürfel darin anschwitzen, die Kürbiswürfel hinzufügen und ebenfalls mit anschwitzen.

Mit Gemüsebrühe anrühren. Das Gemüse damit im Topf ablöschen und im geschlossenen Topf 20 Minuten weich kochen. Mit einem Pürierstab nun das Gemüse mit dem Orangensaft bis zur gewünschten Konsistenz pürieren. Nochmals aufkochen und mit den Gewürzen abschmecken.

Zum Verfeinern der Suppe den Joghurt glatt rühren und zur Suppe geben. Zum Schluss die Kürbiskerne über die Suppe streuen.

Fruchtige italienische Tomatensuppe

Mit Mozzarella und Basilikum

Zubereitungszeit: 35 Minuten

Eine Portion enthält:

390 kcal	30 g Kohlenhydrate
16 g Eiweiß	4 g Ballaststoffe
23 g Fett	

Zutaten für 2 Portionen

- 500 ml Gemüsebrühe
- 60 g Reis
- 1 EL Olivenöl
- 2 EL Tomatenmark
- 425 g Tomaten aus der Dose
- 1 gestr. TL Fenchelsamen
- 60 g grüne Oliven ohne Stein
- Salz, Pfeffer
- 125 g Mini-Mozzarella-Kugeln
- 2 Zweige frisches Basilikum

Zubereitung

250 ml Gemüsebrühe mit Reis aufkochen und bei geschlossenem Topf bei geringer Hitze garen.

Olivenöl in einem Topf erhitzen, Tomatenmark darin anschwitzen. Mit 250 ml Gemüsebrühe ablöschen, die Tomaten aus der Dose und die Fenchelsamen hinzufügen. Gut verrühren, aufkochen und bei geschlossenem Deckel 10 Minuten auf niedriger Hitze köcheln lassen.

Die Oliven in Ringe schneiden. Suppe mit Salz und Pfeffer abschmecken. Olivenringe zur Suppe geben. Basilikum kurz unter kaltem Wasser abbrausen und trocken schütteln, Blätter abzupfen.

Tomatensuppe mit Reis und Mozzarella-Kugeln auf 2 Tellern verteilen, Basilikumblätter über die Suppe streuen.

TIPP

Statt Mini-Mozzarella-Kugeln können Sie auch eine große Kugel in Würfel schneiden.

Cremige Polenta-Spinatsuppe

Mit Mozzarella und Basilikum

Zubereitungszeit: 35 Minuten

Eine Portion enthält:

287 kcal	18 g Kohlenhydrate
11 g Eiweiß	5 g Ballaststoffe
18 g Fett	

Zutaten für 2 Portionen

50 g Maisgries (Polenta)
500 ml Gemüsebrühe
1 TL geriebener Parmesan
1 Schalotte
1 TL Olivenöl
400 g Tiefkühl-Spinat, abgetropft
1–2 Kartoffeln
Salz, Pfeffer
Paprikapulver, edelsüß
100 ml Kochsahne, 15 % Fett
¼ Bund Petersilie
2 EL saure Sahne

TIPP

Statt Polenta eignen sich auch Gnocchi oder Tortellini, die vielleicht noch vom Vortag übrig sind.

Zubereitung

Maisgries mit 200 ml Gemüsebrühe aufkochen und 10 Minuten im Topf quellen lassen. Den Parmesan grob raspeln und unter die Polenta heben.

Schalotte pellen und fein würfeln. Öl in einem Topf erhitzen und die Schalottenwürfel darin andünsten. Spinat hinzufügen, mit dem Kochlöffel verrühren und gleichmäßig andünsten, 5 Minuten dünsten lassen und warten, bis der Spinat aufkocht.

Kartoffeln waschen, schälen, in kleine Stücke schneiden und zum Gemüse geben. Mit 300 ml Gemüsebrühe ablöschen, aufkochen und bei geringer Hitze 15 Minuten kochen.

Die Suppe mit einem Pürierstab bis zur gewünschten Konsistenz fein pürieren, mit Salz, Pfeffer und Paprikapulver abschmecken, Kochsahne unter die Suppe rühren und nochmals kurz aufkochen.

Petersilie unter kaltem Wasser abbrausen, trocken schütteln und Stängel entfernen. Zwei Teelöffel in Wasser tauchen und damit aus der Polenta Nocken abstechen.

Zwei Teller vorbereiten, die Suppe darauf verteilen, mit Polenta-Nocken, saurer Sahne und Petersilie ergänzen.

Orientalische Brokkolisuppe

Bekanntes Gemüse mit neuer Note

Zubereitungszeit: 25 Minuten

Eine Portion enthält:

147 kcal	12 g Kohlenhydrate
8,5 g Eiweiß	5 g Ballaststoffe
8 g Fett	

Zutaten für 2 Portionen

- 300 g Brokkoli
- 300 ml Gemüsebrühe
- ¼ Bund Petersilie
- 1 EL Mandelmus
- Salz, Pfeffer
- Kreuzkümmel
- 2 EL griechischer Joghurt

Zubereitung

Den Brokkoli waschen, putzen und in Röschen teilen. Die Gemüsebrühe anrühren, im Topf mit dem Brokkoli aufkochen und etwa 15 Minuten weich kochen. Die Petersilie mit kaltem Wasser abbrausen, trocken schütteln und Stiele entfernen.

Mit einem Pürierstab das Gemüse, das Mandelmus und die Petersilie bis zur gewünschten Konsistenz pürieren. Nochmals aufkochen und mit den Gewürzen abschmecken. Zum Verfeinern der Suppe den Joghurt glatt rühren und zur Suppe geben.

TIPP

Wer keinen frischen Brokkoli hat, kann auf tiefgefrorene Ware zurückgreifen und sie vorher auf einem Sieb auftauen lassen. Dafür etwas mehr abwiegen, weil das abtropfte Gemüse leichter wird.

Frische Gemüsebrühe

Einfach selbstgemacht und ohne Zusatzstoffe

Zubereitungszeit: 75 Minuten

Eine Portion enthält:

155 kcal	23 g Kohlenhydrate
11 g Eiweiß	14 g Ballaststoffe
1 g Fett	

Zutaten für 2 Portionen

- 200 g Sellerie
- 200 g Karotten
- 200 g Fenchel
- 200 g Petersilienwurzel
- Salz, Pfeffer
- 1 Bund Petersilie
- 1,5 l Wasser
- 2 EL Hefeflocken

Zubereitung

Gemüse waschen, putzen und mit einem Messer grob in Stücke schneiden. Petersilie waschen und grob zerkleinern. Gemüse und Petersilie in einen Kochtopf geben, Salz, Pfeffer und Wasser hinzufügen, aufkochen und bei geringer Hitze mit geschlossenem Deckel 45 Minuten köcheln lassen.

Das Gemüse mit der Flüssigkeit in ein Sieb gießen, den Fond auffangen, die Hefeflocken unterrühren und weiterverwenden.

TIPP

Die Brühe kann in ein verschließbares Gefäß abgefüllt werden und ist für einige Tage im Kühlschrank haltbar. Für längere Haltbarkeit kann sie auch eingefroren werden.

Das übrig gebliebene Gemüse können Sie fein pürieren und als Grundlage für eine Suppe oder Soße verwenden.

Gemüse-Dinkel-Suppe

Ein altes Rezept, das heute noch schmeckt

Einweichzeit: circa 6 Stunden
Garzeit: ca. 50 Minuten

Eine Portion enthält:

204 kcal
11 g Eiweiß
1 g Fett
36 g Kohlenhydrate
8 g Ballaststoffe

Zutaten für 2 Portionen

100 g Dinkelkörner
650 ml Gemüsebrühe
1 Karotte
¼ Fenchelknolle
1 Stück Petersilienwurzel
1 Stück Knollensellerie
50 g Zucchini
2 Stängel Petersilie

Zubereitung

Dinkel mit kaltem Wasser waschen und abtropfen, in eine Schüssel umfüllen und mit Wasser auffüllen, bis alles bedeckt ist. Mindestens 6 Stunden einweichen lassen. Nach der Einweichzeit den Dinkel in ein Sieb geben, abtropfen lassen und in einem Kochtopf mit der Gemüsebrühe aufkochen. Das Getreide bei geringer Hitze und geschlossenem Deckel 20 Minuten köcheln.

Das Gemüse waschen, putzen, schälen und in feine Scheiben schneiden. Die Petersilie waschen, trocken schütteln und Stängel entfernen. Anschließend das Gemüse zum Dinkel geben, umrühren und weitere 20 Minuten köcheln lassen. Wenn Gemüse und Getreide weich sind, Petersilie hinzufügen und die Suppe abschmecken.

TIPP

Wer mag, kann die Suppe mit gegartem Rind- oder Geflügelfleisch ergänzen.

Sellerie-Apfel-Suppe

Gemüse und Obst – eine leckere Mischung

Zubereitungszeit: 30 Minuten

Eine Portion enthält:

234 kcal	38 g Kohlenhydrate
7 g Eiweiß	7 g Ballaststoffe
7 g Fett	

Zutaten für 2 Portionen

- 300 ml Gemüsebrühe
- 1 große mehlig kochende Kartoffel
- 200 g Staudensellerie
- 1 Apfel
- 2 EL Cashewnüsse
- 1 Scheibe Vollkornbrot
- Salz, Pfeffer
- 2 EL griechischer Joghurt

Zubereitung

Gemüsebrühe anrühren und in einen Kochtopf geben. Kartoffel schälen und in Würfel schneiden. Vom Staudensellerie eventuell die äußeren Fäden entfernen und die Stangen in kleine Stücke schneiden. Apfel schälen, Kerngehäuse entfernen und in kleine Stücke schneiden. Das Gemüse und den Apfel mit der Gemüsebrühe in einem Kochtopf aufkochen und 15 Minuten weich kochen.

Die Cashewnüsse mit einem Messer grob hacken und in einer Pfanne ohne Öl leicht anrösten. Das Brot toasten und in Würfel schneiden. Wenn das Gemüse weich ist, mit einem Pürierstab fein pürieren und mit etwas Salz und Pfeffer abschmecken.

Die Suppe auf 2 Teller verteilen, den Joghurt glatt rühren und als Topping auf die Suppe geben. Abschließend die gerösteten Cashewnüsse und das getoastete Brot über die Suppe streuen.

TIPP

Pflücken Sie vom Staudensellerie die Blätter ab, um sie zum Schluss zur Suppe zu geben. Das gibt noch zusätzlich ein frisches Aroma.

Kalte Gurken-Avocado-Suppe

An warmen Tagen einfach gut

Zubereitungszeit: ca. 15 Minuten

Eine Portion enthält:

145 kcal	4 g Kohlenhydrate
2 g Eiweiß	2 g Ballaststoffe
13 g Fett	

Zutaten für 2 Portionen

- 200 g Salatgurke
- 45 g Staudensellerie
- 60 g Avocado
- Salz, Pfeffer
- 1 EL Apfelessig
- 1 EL Olivenöl
- 3–4 Zweige Petersilie
- 300 ml Gemüsebrühe
- 40 g saure Sahne

Zubereitung

Die Gurke schälen, halbieren und das Kerngehäuse mit einem Teelöffel entfernen. In kleine Scheiben schneiden. Vom Staudensellerie eventuell die äußeren Fäden entfernen und die Stangen in kleine Stücke schneiden. Die Avocado von der Schale und dem Stein entfernen und in kleine Würfel schneiden.

Mit einem Pürierstab das Gemüse mit der Gemüsebrühe und den Gewürzen, Apfelessig und Öl fein pürieren.

Die Petersilie kurz mit kaltem Wasser abbrausen, trocken schütteln und fein hacken. Anschließend in Suppenteller füllen und mit der sauren Sahne und der Petersilie servieren.

TIPP

Die Suppe sollte möglichst frisch zubereitet und verzehrt werden.

Rhabarber-Himbeer-Traum mit Nocken

Kühl und fruchtig-süß

Zubereitungszeit: ca. 50 Minuten
Ruhezeit: 30 Minuten

Eine Portion enthält:

324 kcal	35 g Kohlenhydrate
17 g Eiweiß	13 g Ballaststoffe
8 g Fett	

Zutaten für 2 Portionen

1 Vanilleschote
1 Zitrone (bio)
150 g rotstieliger Rhabarber
125 g frische Himbeeren
1 Msp. Agar-Agar
etwas Zucker nach Geschmack
30 g Weißbrot
1TL geriebene Orangenschale
1 TL Zucker
3 EL Ricotta
1 Eigelb
2–3 Zweige Zitronenmelisse

Zubereitung

Die Vanilleschote längs aufschneiden und mit einem Messer das Mark herausschaben. Zitrone abwaschen, trocknen, die Schale auf einer Küchenreibe fein abreiben. Zitrone halbieren und den Saft auspressen.

Rhabarber waschen, putzen und in kleine Stücke schneiden. Wenig Wasser im Topf aufkochen, die Rhabarberstücke 5 Minuten darin blanchieren und sofort in ein Sieb geben. Himbeeren waschen und zum Abtropfen auf ein Küchenkrepp legen. Von den Himbeeren 95 g abwiegen und mit dem Rhabarber in ein hohes Gefäß geben. Mit dem Pürierstab fein pürieren.

Vanillemark und 75 ml Wasser im Topf aufkochen. Das Rhabarberpüree und die Zitronenschale zugeben. Agar-Agar vorsichtig einstreuen, dabei kräftig rühren, bis alles kocht und die Suppe andickt. Topf vom Herd nehmen. Die Suppe mit Zitronensaft und Zucker abschmecken.

Die Kanten vom Weißbrot abschneiden, den Rest fein in eine Schüssel krümeln, Orangenschale, Zucker und Ricotta hinzufügen und zu einer Masse verrühren. Eigelb unter die Masse rühren und etwa 30 Minuten im Kühlschrank ruhen lassen.

Wasser im Topf aufkochen. Zwei Teelöffel mit Wasser benetzen und aus der Ricotta-Masse mehrere Nocken abstechen. Die Nocken werden in das leicht siedende Wasser gelegt und bei geringer Hitze 5 Minuten gegart. Schwimmen die Nocken auf der Oberfläche, können sie mit einer Schaumkelle vorsichtig aus dem Wasser genommen werden.

Zitronenmelisse waschen, trocken schütteln und die Blätter abzupfen. Die Suppe mit den Ricotta-Nocken und der Zitronenmelisse garnieren.

Nudelsuppe „to go“

Gut zum Vorbereiten und schnell fertig

Zubereitungszeit: ca. 10 Minuten
Garzeit: ca. 5 Minuten

Eine Portion enthält:

127 kcal	15 g Kohlenhydrate
9 g Eiweiß	3 g Ballaststoffe
3 g Fett	

Zutaten für 2 Portionen

- 30 g Mais aus der Dose
- 1 Karotte
- 30 g Staudensellerie
- 50 g Zucchini
- 60 g Kochschinken
- 60 g Mie-Nudeln
- 2 EL Sojasoße
- 240 ml Wasser
- Kräuter (z. B. Petersilie, Estragon)
- Salz, Pfeffer

Zubereitung

Den Mais auf einem Sieb gut abtropfen lassen.

Karotten, Staudensellerie und Zucchini putzen und ggf. schälen. Mit einem Sparschäler längs in feine Streifen schälen. Schinken und Staudensellerie in kleine Würfel schneiden. Kräuter waschen, trocken schütteln und fein hacken.

Gemüse, Gewürze und Kräuter sowie Nudeln und Sojasoße in 2 gut verschließbare Schraubgläser füllen. Gut verschließen und im Kühlschrank kühlen.

Kurz vor dem Verzehr aus dem Kühlschrank holen, Wasser zum Kochen bringen und in die Schraubgläser füllen. 3–5 Minuten mit verschlossenem Deckel ziehen lassen. Einmal ordentlich durchrühren und fertig!

TIPP

Die Zutaten für diese Suppe können Sie nach Geschmack und Vorrat variieren.

SALATE

Salat aus jungem Spinat und Granatapfel

Schnell zubereitet

Zubereitungszeit: 15 Minuten

Eine Portion enthält:

274 kcal	17 g Kohlenhydrate
11 g Eiweiß	10 g Ballaststoffe
17 g Fett	

Zutaten für 2 Portionen

250 g junger Spinat
300 g Karotten
1 Granatapfel
2 EL Zitronensaft
100 g Joghurt, 1,5 % Fett
Salz, Pfeffer
1 Handvoll frische Küchenkräuter (z. B. Kresse, Schnittlauch, Petersilie)
40 g Walnüsse

Zubereitung

Spinat in ein Sieb geben, kurz mit kaltem Wasser abbrausen und trocken schütteln. Karotten schälen und grob raspeln. Die Kerne aus dem Granatapfel herauslösen. Alles in einer großen Salatschüssel vermischen.

Für das Dressing in einem Gefäß Zitronensaft, Joghurt, Salz und Pfeffer vermischen. Die Küchenkräuter kurz mit kaltem Wasser abbrausen und trocken schütteln, dann mit einem Messer auf dem Küchenbrett fein hacken. Walnüsse mit dem Messer auf dem Küchenbrett grob hacken. Vor dem Essen das Dressing, die Kräuter und die Nüsse auf den Salat geben.

TIPP

Wenn der Salat später gegessen werden soll, ist es ratsam, das Dressing separat in einem kleinen Gefäß mitzunehmen und erst kurz vor dem Essen über den Salat zu geben.

Frühlingssalat

Mit Käsewürfeln

Zubereitungszeit: 20 Minuten

Eine Portion enthält:

296 kcal	17,5 g Kohlenhydrate
18,5 g Eiweiß	6 g Ballaststoffe
16 g Fett	

Zutaten für 2 Portionen

- 2 EL Sonnenblumenkerne
- 150 g Salatgurke
- 150 g Feldsalat
- 200 g Radieschen
- 200 g Kirschtomaten
- 120 g junger Gouda
- 1 EL weißer Balsamico-Essig
- 1 EL Zitronensaft
- 2 EL Öl
- 2 EL Joghurt, 1,5 % Fett
- Salz, Pfeffer
- 1 Prise Zucker
- 2 EL Kresse

Zubereitung

Sonnenblumenkerne kurz in der trockenen Pfanne anrösten, bis sie anfangen zu duften. Sofort auf einen flachen Teller schütten und abkühlen lassen.

Gurke schälen, Kerne auskratzen und entfernen. Das Gurkenfleisch auf der Küchenreibe in feine Scheiben hobeln. Feldsalat in ein Sieb geben, kurz mit kaltem Wasser abbrausen und trocken schütteln. Radieschen und Tomaten vierteln. Käse in Würfel schneiden. Das Gemüse und die Käsewürfel in einer großen Salatschüssel vermengen.

Für das Dressing Essig, Zitronensaft, Sonnenblumenöl, Joghurt, Salz, Pfeffer und Zucker gut miteinander verrühren. Vor dem Essen das Dressing, die Kresse und die Sonnenblumenkerne über den Salat geben.

TIPP

Die Kerne können auch auf Vorrat geröstet werden, das spart Zeit. Für einige Tage halten sie sich in einem Schraubgefäß.

Salat aus Sommergemüse mit Grillfleisch

Macht richtig satt

Zubereitungszeit: 20 Minuten
Ziehzeit: 30 Minuten

Eine Portion enthält:

457 kcal	26 g Kohlenhydrate
43,5 g Eiweiß	5 g Ballaststoffe
24,5 g Fett	

Zutaten für 2 Portionen

100 g Nudeln
Salz
200 g Schweineschnitzel
1 EL Öl
Salz, Pfeffer
Paprikapulver, edelsüß
200 g Zucchini
200 g Tomaten
100 g Blattsalat
2 EL Zitronensaft
2 EL Öl
4 EL Gemüsebrühe
etwas Senf
Salz, Pfeffer
2 EL Kürbiskerne

Zubereitung

Nudeln in reichlich Salzwasser nach Packungsanleitung al dente kochen, in ein Sieb geben und kurz mit kaltem Wasser abspülen. Das Fleisch mit Öl einstreichen und mit Salz, Pfeffer und Paprikapulver würzen. Auf dem Grill oder in der Pfanne etwa 10 Minuten garen.

Zucchini und Tomaten waschen und in Scheiben schneiden. Blattsalat mit kaltem Wasser kurz abspülen, trocken schütteln und in Stücke zupfen. Gemüse, Salat, Nudeln und Fleisch in einer großen Schüssel vermischen.

Für das Dressing in einem Gefäß Zitronensaft, Öl, Gemüsebrühe und Senf gut verrühren. Mit Salz und Pfeffer abschmecken. Dressing und Kürbiskerne über den Salat geben und etwas ziehen lassen.

TIPP

Dieser Salat eignet sich auch gut für Grillreste.

Herbstlicher Marktsalat

Mit Apfel-Schmand-Dressing

Zubereitungszeit: 25 Minuten

Eine Portion enthält:

449 kcal	24 g Kohlenhydrate
30 Eiweiß	5 g Ballaststoffe
25,5 g Fett	

Zutaten für 2 Portionen

200 g Hähnchenbrust
Paprikapulver, edelsüß
Salz, Pfeffer
1 EL Öl
1 Apfel
100 g Sellerie
50 g Schmand
1 EL Apfelessig
Salz, Pfeffer
150 g Weintrauben
100 g Blattsalat (z. B. Feldsalat, Spinat)
20 g Walnüsse

Zubereitung

Hähnchenbrust mit Paprikapulver, Salz und Pfeffer würzen. Öl in der Pfanne erhitzen und das Fleisch darin braten. Fleisch auf einen Teller legen, in Stücke schneiden und auskühlen lassen.

Apfel waschen, vierteln, das Kerngehäuse entfernen und den Apfel in feine Streifen schneiden. Sellerie putzen, schälen und in feine Streifen schneiden. Schmand, Essig, Salz und Pfeffer in einer Schüssel verrühren, dann die Apfel- und Selleriestreifen unterrühren.

Trauben waschen und halbieren, eventuell Kerne entfernen. Blattsalat waschen, in ein Sieb geben und trocken schütteln. Salat in eine große Salatschüssel geben, die Hähnchen-, Sellerie- und Apfelstreifen, Trauben und Nüsse ebenfalls zugeben und servieren.

TIPP

Als vegetarische Variante passen zu diesem Salat fertige Falafel.

Wintersalat mit Orange und Walnuss

Leicht bitter und süß

Zubereitungszeit: 15 Minuten
Ziehzeit: 30 Minuten

Eine Portion enthält:

230 kcal	25 g Kohlenhydrate
7 g Eiweiß	5 g Ballaststoffe
10,5 g Fett	

Zutaten für 2 Portionen

- 150 g Chicorée
- 150 g Chinakohl
- 1 Orange
- 1 Apfel
- 150 g Joghurt, 1,5 % Fett
- 1 EL Orangensaft
- Salz, Pfeffer
- etwas Zucker
- einige Zweige Petersilie
- 20 g Walnüsse

Zubereitung

Chicorée und Chinakohl in feine Streifen schneiden. Orange schälen und das Fruchtfleisch klein schneiden. Apfel in feine Würfel schneiden. Alles miteinander in einer großen Salatschüssel vermischen.

Für das Dressing Joghurt, Orangensaft, Salz, Pfeffer und Zucker gut verrühren. Petersilie kurz abspülen, trocken schütteln und mit einem Messer auf dem Küchenbrett fein schneiden. Die Walnüsse ebenfalls mit dem Messer auf dem Brett fein hacken.

Dressing, Petersilie und Nüsse unter den Salat heben und etwa 30 Minuten ziehen lassen.

TIPP

Wer es nicht so bitter mag, lässt den Chicorée weg. Und wer mehr Abwechslung mag, nimmt noch etwas roten Radicchio dazu.

Indischer Reissalat

Leicht bekömmlich und macht satt

Zubereitungszeit: 25 Minuten
Ziehzeit: 60 Minuten

Eine Portion enthält:

465 kcal	50 g Kohlenhydrate
23,5 g Eiweiß	5 g Ballaststoffe
18,5 g Fett	

Zutaten für 2 Portionen

80 g Reis, parboiled
200 ml Gemüsebrühe
1 gestr. TL Kurkuma
100 g gekochter Schinken
75 g Ananas aus der Dose, abgetropft
75 g Mandarinen aus der Dose, abgetropft
1 rote Paprika
2 EL gehackte Mandeln
100 g saure Sahne
Salz, Pfeffer
Kreuzkümmel
Paprikapulver, edelsüß
2 EL Zitronensaft
2 Stängel frische Minze

Zubereitung

Reis mit der Gemüsebrühe und dem Kurkuma aufkochen und 20 Minuten quellen lassen, bis die Flüssigkeit verschwunden ist. In ein Sieb geben und abkühlen lassen. Schinken fein würfeln. Ananas und Mandarinen würfeln und mit dem Schinken in einer großen Salatschüssel vermischen. Paprika waschen, schälen, fein würfeln und ebenfalls unterrühren. Mandeln hinzufügen.

Für das Dressing in einem Gefäß die saure Sahne, Salz, Pfeffer, Gewürze und Zitronensaft verrühren und unter den Salat geben. Die Minze kurz unter kaltem Wasser abbrausen, trocken schütteln und klein zupfen, dann auf den Salat geben. Den Salat kalt stellen und etwas ziehen lassen.

TIPP

Dieser Salat braucht Zeit zum Ziehen, deshalb kann er auch am Vortag zubereitet werden.

Griechischer Salat

Geht auch ohne Zwiebeln

Zubereitungszeit: 15 Minuten

Eine Portion enthält:

240 kcal	6 g Kohlenhydrate
9 g Eiweiß	3,5 g Ballaststoffe
19,5 g Fett	

Zutaten für 2 Portionen

- 100 g Blattsalat (z. B. Roma-, Frisée-, Kopf-, Eisbergsalat)
- 200 g kleine Tomaten
- 200 g Salatgurke
- ½ rote Paprika
- 1 EL grünes Pesto
- 2 EL Zitronensaft
- 100 ml Gemüsebrühe
- Salz, Pfeffer
- 60 g schwarze Oliven
- 80 g Feta

Zubereitung

Blattsalat mit kaltem Wasser kurz abspülen, trocken schütteln, in Stücke zupfen und in eine große Salatschüssel geben. Tomaten waschen und halbieren, Gurke waschen und in feine Scheiben schneiden. Die halbierte Paprika waschen, das Kerngehäuse entfernen und in feine Streifen schneiden. Das Gemüse zum Salat in die Schüssel geben.

Für das Dressing Pesto, Zitronensaft und Gemüsebrühe vermischen. Mit Salz und Pfeffer abschmecken und zum Salat geben. Feta in Würfel schneiden und mit den Oliven ebenfalls über den Salat geben.

TIPP

Wer mag, gibt noch geröstete Pinienkerne über den Salat.

Karottensalat mit Zimt

Karotte mal anders

Zubereitungszeit: 15 Minuten
Ziehzeit: 60 Minuten

Eine Portion enthält:

184 kcal	20 g Kohlenhydrate
5 g Eiweiß	8 g Ballaststoffe
9 g Fett	

Zutaten für 2 Portionen

- 400 g Karotten
- 30 g Cranberrys, getrocknet
- 20 g Mandelblätter
- 100 g Orangensaft
- 1 EL Mandelmus
- Zimt
- Salz
- Ingwer, frisch gerieben, nach Geschmack
- etwas Salz

Zubereitung

Die Karotten waschen, schälen und auf der Küchenreibe grob reiben. Cranberrys und Mandelblätter hinzugeben.

Orangensaft mit Mandelmus, Zimt, Salz und etwas geriebenem Ingwer gut miteinander verrühren, dann unter das Karottengemüse heben. Für mindestens 60 Minuten ziehen lassen.

TIPP

Statt Mandelmus kann auch saure Sahne verwendet werden.

Regenbogen im Glas

Gesund und bunt

Zubereitungszeit: 20 Minuten

Eine Portion enthält:

132 kcal	18 g Kohlenhydrate
5 g Eiweiß	9,5 g Ballaststoffe
4 g Fett	

Zutaten für 2 Portionen

150 g Rote Bete
150 g Karotten
1 gelbe Paprika
50 g Romaherzen (oder anderer Blattsalat)
100 g tiefgekühlte Heidelbeeren
2 EL Schnittlauch
½ Avocado
30 g Ricotta
1 EL Limettensaft
Salz, Pfeffer

Zubereitung

Rote Bete und Karotten waschen, schälen und mit dem Gemüseschäler in feine Streifen schneiden. Paprika waschen, halbieren, Kerngehäuse entfernen und Paprika in Streifen schneiden. Salatblätter in Streifen schneiden, in ein Sieb geben, mit kaltem Wasser kurz abspülen, trocken schütteln und in 2 verschließbare Gläser geben.

Das Gemüse und die Heidelbeeren auf den Salat schichten. Das Glas gut verschließen. Schnittlauch waschen, trocken schütteln und in kleine Ringe schneiden. Aus der Avocadohälfte mit einem Löffel das Fruchtfleisch nehmen.

Für das Topping in einem Gefäß Ricotta, Avocado, Limettensaft, Salz, Pfeffer und Schnittlauchringe miteinander verrühren und in 2 kleine verschließbare Gefäße geben. Vor dem Essen das Topping auf das Gemüse geben.

TIPP

Ein Schraubglas mit großer Öffnung muss nicht unbedingt extra gekauft werden. Ein Gemüseglas auszuwaschen und zu befüllen reicht vollkommen aus.

Marinierter Fenchel mit Orange

Als Beilage zu Fisch und Fleischgerichten

Zubereitungszeit: 25 Minuten
Ziehzeit: 60 Minuten

Eine Portion enthält:

162 kcal	20,5 g Kohlenhydrate
4 g Eiweiß	6,5 g Ballaststoffe
8 g Fett	

Zutaten für 2 Portionen

- 1 Fenchelknolle
- 1 rote Paprika
- 150 ml Gemüsebrühe
- 3 EL Zitronensaft
- 5 EL Orangensaft
- ½ TL Fenchelsamen
- 2 EL Walnussöl
- 2 Stängel frische Petersilie

Zubereitung

Den Fenchel waschen, halbieren, den Strunk und die oberen Stiele entfernen. Anschließend in sehr feine Streifen schneiden oder auf der Küchenreibe hobeln.

Paprika waschen, halbieren, das Kerngehäuse entfernen und in feine Streifen schneiden. Fenchel und Paprika in eine Salatschüssel geben.

Für die Marinade die Gemüsebrühe heiß aufkochen, mit Zitronensaft, Orangensaft, Fenchelsamen und Öl verrühren und das Gemüse damit marinieren. Etwa 60 Minuten ruhen lassen.

Petersilie kurz unter kaltem Wasser abbrausen, trocken schütteln und klein zupfen. Dann kurz vor dem Servieren auf den Fenchel geben.

TIPP

Gut gekühlt hält sich der marinierte Fenchel mehrere Tage und kann auch als Beilage zum belegten Brot gegessen werden.

HAUPTGERICHTE

Asiatische Nudelpfanne

Mit gewürztem Huhn

Zubereitungszeit: 30 Minuten

Eine Portion enthält:

480 kcal	32 g Kohlenhydrate
46 g Eiweiß	10 g Ballaststoffe
18,5 g Fett	

Zutaten für 2 Portionen

100 g Mie-Nudeln
250 g Hähnchenbrust
1 EL Erdnussöl
1 TL Harissapulver
150 g Zuckerschoten
1 gelbe Paprika
175 g Mungobohnen aus dem Glas, abgetropft
Sojasoße
20 g Cashewnüsse
Salz, Pfeffer

TIPP

Harissa ist eine Gewürzmischung aus Chili, Kreuzkümmel, Koriandersamen, Knoblauch und Salz, die in der nordafrikanischen Küche sehr beliebt ist. Hier trifft sie auf die asiatische Küche und bringt ein frisches Aroma in die Pfanne.

Zubereitung

Mie-Nudeln in ein Gefäß geben, mit reichlich kochendem Wasser übergießen. 5 Minuten quellen lassen und dabei gelegentlich umrühren. Die fertigen Nudeln in ein Sieb geben und abtropfen lassen.

Hähnchenbrust in mundgerechte Streifen schneiden. In einer großen Pfanne das Öl erhitzen und das Fleisch darin anbraten. Mit dem Harissapulver würzen und bei geschlossenem Deckel 5 Minuten weiter dünsten.

Zuckerschoten waschen und in feine Streifen schneiden. Paprika waschen, halbieren, Kerngehäuse entfernen und in feine Streifen schneiden. Mungobohnen aus dem Glas in ein Sieb geben und abtropfen lassen. Anschließend das Gemüse zum Fleisch in die Pfanne geben und alles miteinander ca. 15 Minuten garen.

Sojasoße, Nudeln und Cashewnüsse unter Gemüse und Fleisch heben und mit Salz und Pfeffer abschmecken.

Hähnchenragout auf Tagliatelle

Leicht sahnig und mild gewürzt

Zubereitungszeit: 35 Minuten

Eine Portion enthält:

544 kcal	43 Kohlenhydrate
42,5 g Eiweiß	4 g Ballaststoffe
21 g Fett	

Zutaten für 2 Portionen

- 250 g Hähnchenbrust
- Salz, Pfeffer
- Paprikapulver, edelsüß
- 1 EL Öl
- 100 g Bandnudeln
- 150 g saure Sahne
- 250 g Tomaten, gelb und rot
- Curry
- ¼ Bund glatte Petersilie

Zubereitung

Das Hähnchenfleisch in mundgerechte Würfel schneiden, mit Salz, Pfeffer und Paprikapulver würzen. In einer Pfanne das Öl erhitzen und das Fleisch darin gleichmäßig anbraten. Mit der sauren Sahne ablöschen und ca. 10 Minuten leicht köcheln lassen.

Nudeln in reichlich Salzwasser nach Packungsanleitung garen. Tomaten waschen, halbieren und zum Fleisch in die Pfanne geben, 10 Minuten weitergaren.

Fleisch und Tomaten mit Salz, Pfeffer und etwas Curry abschmecken, Petersilie fein hacken. Nudeln, Hähnchenragout und Petersilie auf Tellern anrichten.

TIPP

Für noch mehr Abwechslung kann statt Petersilie auch Koriander verwendet werden.

Putenbrustfilet in Tomatensoße

Einfach aus der Auflaufform

Zubereitungszeit: 50 Minuten

Eine Portion enthält:

164 kcal	5 g Kohlenhydrate
31 g Eiweiß	2 g Ballaststoffe
1 g Fett	

Zutaten für 2 Portionen

- 1 rote Paprika
- 250 g Putenbrustfilet
- Salz, Pfeffer
- 4 kleine Lauchzwiebeln
- 200 g passierte Tomaten
- 2 Stängel frisches Basilikum

Zubereitung

Backofen auf 200 °C Ober-/Unterhitze vorheizen. Paprika auf das mit Backpapier belegte Backblech legen und im Ofen garen, bis die Haut Blasen wirft. Aus dem Ofen nehmen, ein feuchtes Küchentuch über die Schote legen und abkühlen lassen. Wenn sie etwas abgekühlt ist, lässt sich die Schale mit einem Messer einfach lösen. Paprika ohne Kerne in grobe Würfel schneiden und zur Seite stellen.

Das Putenfleisch säubern und in eine Auflaufform legen, mit Salz und Pfeffer würzen. Lauchzwiebeln putzen, waschen, in feine Ringe schneiden. Paprikawürfel, Zwiebelringe und passierte Tomaten vermischen, auf das Fleisch gießen und im Backofen mindesten 30 Minuten garen. Zum Servieren Basilikumblätter abzupfen und darüberstreuen.

TIPP

Dazu passen Reis, Kartoffel oder Couscous.

Hähnchenschenkel mit fruchtigem Couscous

Im Ofen gegart

Zubereitungszeit: 35 Minuten

Eine Portion enthält:

537 kcal	59 g Kohlenhydrate
27,5 g Eiweiß	8,5 g Ballaststoffe
20,5 g Fett	

Zutaten für 2 Portionen

1 gelbe Paprika
2 Hähnchenschenkel
Salz, Pfeffer
Paprikapulver, edelsüß
Curry
2 EL Öl
100 g Couscous
125 ml Gemüsebrühe
½ Mango
25 g Bananenchips
150 g Brokkoliröschen
Kreuzkümmel
2 EL Schmand

Zubereitung

Backofen auf 180 °C Ober-/Unterhitze vorheizen. Paprika auf Backpapier auf das Backblech legen und im Ofen garen, bis die Haut Blasen wirft. Paprika aus dem Ofen nehmen, ein feuchtes Küchentuch über die Schote legen und abkühlen lassen. Wenn sie etwas abgekühlt ist, lässt sich die Schale mit einem Messer einfach lösen. Paprika ohne Kerne in grobe Würfel schneiden und zur Seite stellen.

Hähnchenschenkel säubern, Salz, Pfeffer, Paprikapulver und Curry mit 1 EL Öl verrühren und die Schenkel damit einstreichen. Restliches Öl in der Pfanne erhitzen, die Schenkel darin kurz anbraten, dann in Alufolie einpacken und 15 Minuten im Backofen fertig garen.

Couscous mit 100 ml heißer Gemüsebrühe übergießen und quellen lassen. Mango schälen und das Fruchtfleisch in kleine Würfel schneiden. Bananenchips zerkleinern. Brokkoliröschen in 25 ml kochender Gemüsebrühe 5 Minuten dämpfen und anschließend kurz in kaltem Wasser abschrecken.

Den Couscous mit einer Gabel auflockern, Paprikawürfel, Mango, Bananen und Brokkoli unterheben und mit Salz, Pfeffer und Kreuzkümmel abschmecken. Hähnchenschenkel aus der Folie nehmen, Haut entfernen und das Fleisch vom Knochen lösen.

Schmand mit Kreuzkümmel und Gewürzen abschmecken und zu den Hähnchenschenkeln mit Gemüse reichen.

TIPP

Couscous wird aus Weizen hergestellt und ist sehr einfach in der Zubereitung. Aber auch mit Reis schmeckt dieses Rezept gut.

Leichtes Geschnetzeltes vom Schwein mit Karottengemüse

In der Soße gegart für einen saftigen Genuss

Zubereitungszeit: 30 Minuten

Eine Portion enthält:

490 kcal	47 g Kohlenhydrate
25 g Eiweiß	7,5 g Ballaststoffe
21,5 g Fett	

Zutaten für 2 Portionen

- 100 g Reis, parboiled
- 250 g Schweinefleisch, mager
- Salz
- 1 TL Speisestärke
- 30 g Lauchzwiebeln
- 300 g Karotten
- 1 EL Öl
- 100 ml Gemüsebrühe
- 1 TL körniger Senf
- 50 g Schmand
- 1 EL Speisestärke
- Pfeffer
- Muskat

TIPP

Wer mehr Abwechslung möchte, nimmt statt Karotten Pfifferlinge und Spargelspitzen.

Zubereitung

Reis mit 250 ml Wasser aufkochen und leicht köcheln, bis er weich ist. Fleisch in feine Streifen schneiden, leicht salzen und mit Speisestärke bestäuben. Lauchzwiebeln und Karotten waschen, schälen und in feine Ringe schneiden.

Öl in der Pfanne erhitzen, Fleisch darin anbraten. Das Gemüse hinzufügen, kurz anschwitzen und dann unter kräftigem Rühren mit der Gemüsebrühe ablöschen. Solange rühren, bis sich die Speisestärke gut gelöst hat. Senf und Schmand ebenfalls unterrühren und bei geschlossenem Deckel und niedriger Hitze etwa 10 Minuten köcheln lassen.

Eventuell etwas Stärke und kaltes Wasser anrühren, um die Flüssigkeit zu binden. Dafür die Flüssigkeit nach und nach in die Pfanne geben und gleichmäßig unter die Soße rühren, beim Aufkochen wird die Soße dann etwas fester.

Zum Schluss mit Salz, Pfeffer und etwas Muskat abschmecken, dann mit dem Reis servieren.

Kalbs-„Frikassee"

Wenige Zutaten, voller Geschmack

Zubereitungszeit: 50 Minuten

Eine Portion enthält:

539 kcal	59 g Kohlenhydrate
49 g Eiweiß	7,5 g Ballaststoffe
11 g Fett	

Zutaten für 2 Portionen

100 g Reis, parboiled
Salz
1 Schalotte
250 g Kalbsfleisch aus der Schulter
1 EL Öl
1 TL Mehl
125 ml Gemüsebrühe
50 ml Kochsahne, 15 % Fett
200 g TK feine Erbsen, aufgetaut
etwas geriebene Zitronenschale (bio)
Pfeffer
Muskat
2 Stängel Petersilie

Zubereitung

Den Reis in leicht gesalzenem Wasser nach Packungsanleitung kochen. Schalotte schälen und fein würfeln. Kalbsfleisch säubern und in 3 cm große Stücke schneiden. Öl im Topf erhitzen, erst die Schalotten, dann das Fleisch darin von allen Seiten kurz anschwitzen. Mit dem Mehl bestäuben, mit Gemüsebrühe und Kochsahne langsam ablöschen. Dabei zügig mit dem Kochlöffel die Flüssigkeit unterrühren, damit die Soße nicht klumpt.

Topf schließen und das Fleisch 15 Minuten schmoren lassen. Die Erbsen unterrühren und nochmals 15 Minuten garen. Mit Salz, Pfeffer und Zitronenschale abschmecken.

Das Frikassee mit dem Reis anrichten und der fein gehackten Petersilie verfeinern.

TIPP

Selbstgemachte Gnocchi (Rezept auf Seite 128) passen hier als Beilage statt Reis auch sehr gut.

Frikadellen und Kartoffelsalat

Kalte Küche für zu Hause und unterwegs

Zubereitungszeit: 45 Minuten
Ziehzeit für den Salat: 3 Stunden

Eine Portion enthält:

490 kcal	45 Kohlenhydrate
36 g Eiweiß	4 Ballaststoffe
17,5 g Fett	

Zutaten für 2 Portionen

- 400 g Kartoffeln, festkochend
- 200 g Rinderhack
- 30 g Magerquark
- 20 g Semmelbrösel
- Salz, Pfeffer
- ½ TL Majoran, getrocknet
- 3 EL Öl
- 3 Lauchzwiebeln
- 1 EL weißer Balsamico (oder Zitronensaft)
- 100 ml Gemüsebrühe
- 1 TL Zucker
- 1 TL milder Senf
- 150 g Minigurke
- ¼ Bund Schnittlauch

TIPP

Noch besser verträglich als aus der Pfanne wird das Gericht, wenn der Hackteig in einer Backform im Ofen zubereitet wird. Bei 200 °C 45 Minuten backen.

Zubereitung

Kartoffeln mit Schale kochen, bis sie gar sind, dann abschrecken, schälen und abdampfen lassen. Das Hack in eine Schüssel geben und mit Quark, Semmelbröseln und den Gewürzen verkneten. Aus dem Hackteig mit angefeuchteten Händen 6 gleichmäßige Kugeln formen. 2 EL Öl in der Pfanne erhitzen, die Frikadellen darin von beiden Seiten goldbraun braten.

Lauchzwiebeln putzen, in feine Ringe schneiden, mit 1 EL Öl in einem Topf kurz anschwitzen, dann mit Balsamico und Gemüsebrühe ablöschen. Anschließend mit Salz, Zucker und Senf abschmecken.

Die Minigurken schälen, der Länge nach halbieren, eventuell die Kerne entfernen und in feine Scheiben schneiden. Kartoffeln ebenfalls in Scheiben schneiden und mit dem Zwiebelsud und den Gurken vermischen.

Der Salat sollte etwa 3 Stunden ziehen, dann nochmals mit Pfeffer und Salz abschmecken und zu den Frikadellen reichen. Vor dem Servieren Schnittlauch fein schneiden und über den Salat streuen.

Kürbis-Nudeltopf

Mit Hack oder vegetarisch

Zubereitungszeit: 35 Minuten

Eine Portion enthält:

578 kcal	47 g Kohlenhydrate
39,5 g Eiweiß	8 g Ballaststoffe
22 g Fett	

Zutaten für 2 Portionen

100 g Hörnchennudeln
1 EL Olivenöl
200 g Rinderhack
250 g Kürbisfleisch
1 Petersilienwurzel
30 g Frischkäse
Zimt
Kreuzkümmel
Salz, Pfeffer
4 Stängel Petersilie, gehackt

Zubereitung

Nudeln in reichlich Salzwasser nach Packungsanleitung garen. Anschließend in ein Sieb geben und abtropfen lassen. Öl in der Pfanne erhitzen und das Hackfleisch darin anbraten, bis es krümelig ist.

Das Kürbisfleisch in kleine Würfel schneiden. Die Petersilienwurzel waschen, schälen und in kleine Würfel schneiden. Alles zum Hack in die Pfanne geben und mit anschwitzen. Frischkäse und Gewürze unterrühren und alles miteinander würzig abschmecken.

Zum Schluss die Nudeln unter das Hackgemüse geben und mit Petersilie anrichten.

TIPP

Für eine vegetarische Variante kann das Hackfleisch durch feines Sojageschnetzeltes ausgetauscht werden.

Fischpäckchen

In Papier eingepackt besonders zart

Zubereitungszeit: 60 Minuten

Eine Portion enthält:

401 kcal	27 g Kohlenhydrate
43 g Eiweiß	5 g Ballaststoffe
13 g Fett	

Zutaten für 2 Portionen

- 300 g Fischfilet (z. B. Seelachs, Skrei, Rotbarsch)
- Salz, Pfeffer
- 1 Zitrone (bio)
- 150 g Tomaten, rot und gelb
- 1 Thymianzweig
- 250 g junge Kartoffeln
- 2 EL Olivenöl
- 150 g Magerquark
- 2 Stängel frischer Dill

TIPP

So eingepackt kann der Fisch auch auf dem Grill zubereitet werden. Dafür kann Alufolie oder Grillpapier aus Holz verwendet werden.

Zubereitung

Backofen auf 180 °C Umluft vorheizen. Zwei Bögen Backpapier und Küchenband bereitlegen. Das Fischfilet in zwei Portionen aufteilen, trocken tupfen, mit Salz und Pfeffer würzen und auf das Backpapier legen. Von der Zitrone 6 sehr feine Scheiben schneiden und auf das Fischfilet legen.

Die Tomaten waschen und in Scheiben schneiden. Dann zu den Zitronenscheiben auf das Fischfilet legen. Zum Schluss noch den Thymian abzupfen und darüberstreuen. Das Backpapier verschließen und an beiden Enden mit dem Küchenband zusammenbinden.

Kartoffeln waschen, in kleine Spalten schneiden, auf ein Backblech legen und mit dem Öl gleichmäßig benetzen. Fischfilet und Kartoffeln in den Backofen schieben und 30–45 Minuten backen, dabei die Kartoffelecken einmal wenden. Den Quark mit Salz und Pfeffer würzen, Dill fein schneiden und unter den Quark rühren.

Wenn die Kartoffeln und der Fisch gar sind, zusammen mit dem Quark anrichten.

Fischauflauf „Portugiesisch“

Mit Tomaten und Kichererbsen

Zubereitungszeit: 65 Minuten

Eine Portion enthält:

348 kcal	29,5 g Kohlenhydrate
39 g Eiweiß	5 g Ballaststoffe
75 g Fett	

Zutaten für 2 Portionen

- 200 g Kartoffeln, mehlig- oder festkochend
- Salz, Pfeffer
- 300 g Dorsch oder Kabeljau
- 1 EL Zitronensaft
- 1 kleine Zucchini
- 1 EL Olivenöl
- 2 große Tomaten
- 100 g Tomatenpüree
- 50 g Kichererbsen aus der Dose, abgetropft
- ½ Bund Petersilie

TIPP

Der Belag sollte nicht zu trocken werden. Eventuell gegen Ende der Backzeit mit Alufolie abdecken.

Zubereitung

Backofen auf 200 °C Ober-/Unterhitze vorheizen. Kartoffeln schälen, auf der Küchenreibe hobeln oder mit dem Messer in sehr feine Scheiben schneiden. In eine Auflaufform legen und etwas salzen.

Fischfilet in Stücke schneiden, leicht salzen und mit etwas Zitronensaft beträufeln. Zucchini waschen, den Stiel- und Blütenansatz entfernen und auf der Küchenreibe in grobe Streifen hobeln. Das Öl mit den Zucchinistreifen vermengen und auf das Fischfilet geben.

Tomaten waschen, halbieren, Stielansatz herausschneiden und das Tomateninnere herauskratzen. Das Tomateninnere in ein hohes Gefäß geben, das Tomatenfleisch in Würfel schneiden. Die Tomatenwürfel ebenfalls auf das Fischfilet geben und verteilen.

Zu dem Tomateninneren das Tomatenpüree und die Kichererbsen hinzufügen und mit dem Pürierstab fein pürieren. Mit Salz und Pfeffer abschmecken. Petersilie fein schneiden und unterrühren. Die Auflaufform in den Backofen stellen und etwa 45 Minuten backen.

Seelachsfilet auf Gemüsebett

Perfekt geschichtet für einen ausgewogenen Geschmack

Zubereitungszeit: 60 Minuten

Eine Portion enthält:

430 kcal	40,5 g Kohlenhydrate
42 g Eiweiß	7,5 g Ballaststoffe
10,5 g Fett	

Zutaten für 2 Portionen

100 g Reis, parboiled
350 ml Gemüsebrühe
1 Karotte
1 kleine Fenchelknolle
1 kleiner Kohlrabi
300 g Seelachsfilet
Salz, Pfeffer
1 Zitrone (bio)
½ Bund Dill
½ Bund Petersilie
2 EL Öl

Zubereitung

Backofen auf 180 °C Über-/Unterhitze vorheizen. Reis mit 250 ml Gemüsebrühe nach Packungsanweisung kochen. Einen Bratschlauch oder eine Auflaufform mit Deckel vorbereiten.

Das Gemüse putzen, waschen, in Stifte (2 cm breit) schneiden und in die Folie oder Form legen. Das Fischfilet säubern, mit Salz, Pfeffer würzen und auf die Gemüsestifte legen. Die Zitrone heiß abspülen, trocknen und in feine Streifen schneiden, dann auf das Fischfilet legen. Zuletzt die Kräuter waschen, trocken schütteln und auf die Zitronenscheiben legen.

100 ml Gemüsebrühe und das Öl hinzufügen und die Folie bzw. Auflaufform gut verschließen. Im Backofen auf mittlerer Schiene 40 Minuten garen, dann alles vorsichtig mit dem Reis anrichten.

TIPP

Das Fischfilet mit Gemüsebett kann auch in einen Bogen Backpapier gepackt werden. Vorher das Papier an den Enden mit Küchenband zuknoten und dann die Füllung hineinlegen.

Frühlings-Lachs-Pasta

Mit viel Gemüse

Zubereitungszeit: 15 Minuten
Garzeit: ca. 20 Minuten

Eine Portion enthält:

664 kcal	52 g Kohlenhydrate
42 g Eiweiß	6 g Ballaststoffe
31 g Fett	

Zutaten für 2 Portionen

- 2 Lachsfilets (à ca. 120 g)
- 1 TL Zitronensaft
- Salz
- 1 junge Karotte
- 1 kleine Zucchini
- 120 g Pasta, z. B. Penne
- 2 TL Öl
- 2 TL Mehl, Type 550
- 1 kleines Glas Fischfond (200 ml)
- 100 ml Milch, 1,5 % Fett
- Pfeffer
- 1 Stück Parmesan (ca. 40 g)
- 2 Zweige Dill

Zubereitung

Fischfilets waschen, mit dem Zitronensaft beträufeln und salzen. Karotte und Zuccini waschen, trocknen, putzen und in schmale Streifen schneiden.

Reichlich Salzwasser zum Kochen bringen und Nudeln nach Packungsanweisung al dente garen. 4 Minuten vor Ende der Garzeit das Gemüse zu den Nudeln geben und mitkochen lassen.

Öl erhitzen, Mehl zugeben und mit einem Schneebesen zügig verrühren. Unter ständigem Rühren – damit keine Klümpchen entstehen – etwas Fischfond zugießen. Restlichen Fond und Milch nach und nach unter Rühren zugeben. Die Soße aufkochen und mindestens 1 Minute sprudelnd kochen lassen, salzen und pfeffern. Die Temperatur reduzieren und Fischfilets in die heiße, aber nicht mehr kochende Soße legen und bei mittlerer Temperatur 5 bis 8 Minuten garen.

Parmesan fein reiben, Dill waschen, Blättchen von den Stängeln zupfen und fein hacken.

Lachsfilets aus der Soße nehmen und warm stellen. Abgetropfte Gemüsenudeln und Dill unter die Soße mengen, nochmals abschmecken und zusammen mit dem Lachs und dem Parmesan servieren.

Gnocchi italienisch

Einfach und fruchtig

Zubereitungszeit: 30 Minuten
Ruhezeit: 30 Minuten

Eine Portion enthält:

417 kcal	59 g Kohlenhydrate
9 g Eiweiß	7 g Ballaststoffe
14 g Fett	

Zutaten für 2 Portionen

- 400 g Kartoffeln, mehligkochend
- 1 EL Butter
- Muskat
- Salz, Pfeffer
- 1 Eigelb
- 80 g Grieß
- 30 g Speisestärke
- 4 Tomaten
- 1 rote Paprika
- 20 g Olivenöl
- 1 EL Tomatenmark
- 2 Stängel frisches Basilikum

Zubereitung

Kartoffeln mit Schale etwa 20 Minuten kochen, bis sie gar sind. Anschließend schälen, mit einer Kartoffelpresse in eine große Schüssel pressen oder in der Schüssel stampfen.

Butter, Muskat, Salz, Pfeffer, Eigelb, 30 g Grieß und Stärke zur Kartoffelmasse geben und alles gut miteinander verkneten. Auf ein Holzbrett 50 g Grieß streuen und aus dem Teig gleich große Rollen formen. Die Kartoffelrollen in fingerdicke Scheiben schneiden und kurz mit einer Gabel flachdrücken. 30 Minuten ruhen lassen.

Tomaten und Paprika waschen, putzen und die Tomaten in Scheiben, die Paprika in Streifen schneiden. In einer Pfanne das Öl erhitzen, Tomatenmark kurz anschwitzen, das Gemüse zugeben und darin schwenken, mit Salz und Pfeffer abschmecken. Weiter dünsten, bis die Paprika weich sind.

Wasser mit etwas Salz zum Kochen bringen, die Gnocchi ins Wasser legen und gar ziehen lassen. Wenn die Gnocchi oben schwimmen, noch etwa 3 Minuten weiterziehen lassen. Dann sofort mit der Schaumkelle aus dem Wasser nehmen und in die Servierschale geben.

Das Gemüse in die Servierschale zu den Gnocchi geben und mit abgezupften Basilikumblättern ergänzen.

TIPP

Wer Paprika aus der Pfanne nicht gut verträgt, nimmt Mangold oder Spinat zu den Tomaten.

Gemüseplatte mit Kräutersoße

Vegetarisch und bunt

Zubereitungszeit: 40 Minuten

Eine Portion enthält:

190 kcal	10,5 g Kohlenhydrate
10 g Eiweiß	5,5 g Ballaststoffe
12 g Fett	

Zutaten für 2 Portionen

200 g Spargelspitzen
150 g kleine Karotten
100 g Prinzessbohnen
100 ml Gemüsebrühe
2 Eigelb
1 TL Senf
100 ml Kochsahne, 15 % Fett
1 Bund frische Kräuter (z. B. Petersilie, Schnittlauch, Basilikum)
Salz, Pfeffer

Zubereitung

Backofen auf 200 °C Ober-/Unterhitze vorheizen. Gemüse waschen, putzen und in eine hitzebeständige Auflaufform legen. Gemüsebrühe anrühren und an das Gemüse gießen. Die Auflaufform in den Ofen stellen und das Gemüse garen, bis es weich ist.

In einem Kochtopf Wasser aufkochen, eine Cromargan-Schüssel daraufsetzen. Eigelb, Senf und Gemüsebrühe miteinander verrühren und in der Cromargan-Schüssel die Eigelbe mit dem Schneebesen oder dem Handrührgerät schlagen, bis eine cremige Konsistenz entsteht. Langsam weiterschlagen und die Sahne in einem dünnen Strahl einfließen lassen.

Die gewaschenen Kräuter fein hacken und unter die Soße rühren. Soße mit Salz und Pfeffer abschmecken. Das Gemüse aus dem Ofen nehmen und mit der Kräutersoße anrichten.

TIPP

Wer mag, kann das Gericht mit 200 g gekochtem Schinken ergänzen. Dafür den Schinken in feine Würfel schneiden und zum gegarten Gemüse geben. Als Beilage eignen sich junge Kartoffeln.

Fenchelgemüse aus dem Ofen

Mit Salat oder als Beilage zum Fleisch

Zubereitungszeit: 60 Minuten

Eine Portion enthält:

260 kcal	38,5 g Kohlenhydrate
7,5 g Eiweiß	6 g Ballaststoffe
5 g Fett	

Zutaten für 2 Portionen

- 400 g Kartoffeln, fest- oder mehligkochend
- 1 TL Olivenöl
- 1 große Fenchelknolle
- 1 Lorbeerblatt
- 100 ml Gemüsebrühe
- 1 kleiner Salatkopf
- 50 g saure Sahne
- Salz, Pfeffer
- 50 ml Orangensaft

Zubereitung

Backofen auf 200 °C Ober-/Unterhitze vorheizen. Kartoffeln waschen, halbieren und mit dem Öl an den Schnittflächen bestreichen. Fenchel putzen, waschen, halbieren und in grobe Spalten schneiden. Gemüsebrühe in heißem Wasser auflösen und das Lorbeerblatt hinzufügen. Fenchel und Kartoffeln in eine Auflaufform legen und mit der Gemüsebrühe mit Lorbeer angießen. Die Auflaufform in den Ofen stellen und das Gemüse etwa 45 Minuten garen. Den Salat putzen, in einzelne Blätter teilen und gründlich waschen, dann gut abtropfen lassen. Für das Dressing die saure Sahne mit Salz, Pfeffer und Orangensaft glatt rühren und abschmecken.

TIPP

Für mehr Abwechslung auf dem Teller eignen sich statt Kartoffeln auch Süßkartoffeln.

Maispizza Margherita

Maisgrieß statt Weizen

Zubereitungszeit: 50 Minuten

Eine Portion enthält:

353 kcal	24,5 g Kohlenhydrate
18,5 g Eiweiß	3 g Ballaststoffe
20 g Fett	

Zutaten für 2 Portionen

150 ml Gemüsebrühe
150 ml Milch, 1,5 % Fett
40 g Maisgrieß
1 EL Olivenöl
1 EL Hefeflocken
1 TL Thymian
125 g Mozzarella
250 g Kirschtomaten
¼ Bund frisches Basilikum

Zubereitung

Gemüsebrühe und Milch aufkochen, Maisgrieß einstreuen, unterrühren, die Temperatur reduzieren und 20 Minuten quellen lassen.

Olivenöl, Hefeflocken und Thymian unter den Grieß rühren und die Masse auf ein mit Backpapier ausgelegtes Backblech streichen, so dass ein Kreis entsteht (Ø 22 cm).

Backofen auf 200 °C Ober-/Unterhitze vorheizen. Den Mozzarella in Scheiben schneiden, den Pizzaboden mit den Tomaten und Mozzarella-Scheiben belegen. Im Backofen auf der mittleren Schiene 25 Minuten backen.

Die Pizza aus dem Ofen nehmen, in zwei Stücke teilen und mit abgezupftem Basilikum bestreuen.

TIPP

Statt Hefeflocken kann auch Parmesan in den Maisgrieß gerieben werden.

Mangold-Quiche

Gut vorzubereiten

Zubereitungszeit: 75 Minuten
Ruhezeit: 30 Minuten

Eine Portion enthält:

369 kcal	5 g Kohlenhydrate
18,5 g Eiweiß	6 g Ballaststoffe
22 g Fett	

Zutaten für 2 Portionen

- 125 g Dinkelvollkornmehl
- 65 g Margarine
- 3 Eier
- Salz
- 400 g Mangold, rot- und gelbstielig
- 1 EL Olivenöl
- Salz, Pfeffer
- 200 g Magerquark
- 1 TL milder Senf
- 2 Stiele frischer Thymian
- 1 TL Zitronensaft

Zubereitung

Mehl, Margarine, ein Ei und Salz zu einem Teig verkneten. In eine Klarsichtfolie einwickeln und 30 Minuten im Kühlschrank ruhen lassen.

Mangold putzen, waschen und in feine Streifen schneiden. Öl in der Pfanne erhitzen und den Mangold darin andünsten, bis er zusammenfällt. Mit Salz und Pfeffer abschmecken und zur Seite stellen.

Die restlichen zwei Eier mit dem Quark, Senf, abgezupftem Thymian und Zitronensaft glatt rühren. Den Teig herausnehmen, auf einer bemehlten Arbeitsfläche flach ausrollen und in eine Quicheform legen. Dabei darauf achten, dass ein Rand von 2 cm Höhe gebildet wird.

Den Mangold in die Form geben und die Ei-Quark-Masse darauf verteilen. Die Quiche auf der mittleren Schiene 45 Minuten backen.

TIPP

Die Quiche kann nach dem Backen warm eingepackt werden, um sie für den späteren Verzehr mitzunehmen.

Herbstgemüse vom Blech

Mit Quarkdip ein beliebter vegetarischer Snack

Zubereitungszeit: 60 Minuten

Eine Portion enthält:

535 kcal	75 g Kohlenhydrate
18,5 g Eiweiß	13 g Ballaststoffe
20 g Fett	

Zutaten für 2 Portionen

250 g Kürbis
1 Pastinake
250 g Süßkartoffeln
250 g Rote Bete
1 EL Öl
1 Stängel frischer Salbei
100 g Magerquark
100 g saure Sahne
Salz, Pfeffer
Paprikapulver, edelsüß
2 EL Kürbiskerne

Zubereitung

Backofen auf 200 °C Ober-/Unterhitze vorheizen. Den Kürbis in Spalten schneiden, die Kerne entfernen. Die Pastinake putzen, waschen, schälen und in Scheiben schneiden. Die Süßkartoffeln waschen und in Spalten schneiden. Die Rote Bete waschen, schälen und in Spalten schneiden.

Das Gemüse bis auf die Rote Bete mit dem Öl vermengen, dann erst die Rote Bete hinzufügen, damit nicht alles Gemüse durch die Bete verfärbt, und das Gemüse auf ein Blech legen. Die Salbeiblätter darüberstreuen. Das Blech in den Ofen stellen und das Gemüse etwa 45 Minuten garen.

Den Quark mit der sauren Sahne, Salz, Paprikapulver und Pfeffer glatt rühren. Kürbiskerne in einer trockenen Pfanne leicht anrösten, bis sie duften, dann sofort auf einen Teller geben und abkühlen lassen.

Wenn das Gemüse gar ist, vom Blech auf zwei Teller verteilen und mit Quark und Kürbiskernen anrichten.

TIPP

Vegan wird's, wenn Sie statt dem Quarkdip einen roten Dip aus Kichererbsen (Rezept siehe Seite 143) reichen.

Hirseauflauf

Nussig im Geschmack

Zubereitungszeit: 45 Minuten
Backzeit: 25 Minuten

Eine Portion enthält:

448 kcal	60 g Kohlenhydrate
27 g Eiweiß	12 g Ballaststoffe
13,5 g Fett	

Zutaten für 2 Portionen

80 g Hirse
240 ml Gemüsebrühe
1 Karotte
200 g Brokkoli
1 Bund Petersilie
2 Eier
200 ml Milch, 1,5 % Fett
1 TL Speisestärke
Salz, Pfeffer
Muskat
65 g Mozzarella

Zubereitung

Backofen auf 200 °C Ober-/Unterhitze vorheizen. Eine Auflaufform einfetten. Hirse in ein Sieb geben, gründlich mit kaltem Wasser abspülen und mit der Gemüsebrühe 7 Minuten kochen. Vom Herd nehmen und quellen lassen.

Die Karotte waschen, putzen, schälen und auf der Küchenreibe grob raspeln. Brokkoli in Röschen zerteilen und mit kaltem Wasser abspülen. Petersilie unter fließendem Wasser kurz kalt abbrausen, trocken schütteln und mit dem Messer auf einem Küchenbrett fein hacken.

Hirse in die Auflaufform geben, das Gemüse mit der Petersilie unterheben.

Eier, Milch, Speisestärke, Salz, Pfeffer und Muskat miteinander verquirlen und über den Auflauf gießen. Mozzarella fein würfeln und auf dem Auflauf verteilen. Im Backofen auf mittlerer Schiene 25 Minuten backen.

TIPP

Statt Mozzarella kann auch ein junger Gouda gerieben und überbacken werden.

KLEINE SNACKS

Snack-Muffin

Pikant und lecker

Zubereitungszeit: 15 Minuten
Backzeit: ca. 30 Minuten

Eine Portion enthält:

161 kcal	19 g Kohlenhydrate
7 g Eiweiß	2 g Ballaststoffe
6 g Fett	

Zutaten für 2 Portionen

- 300 g Weizenmehl, Type 1050
- 50 g Maisgrieß
- 1 TL Natron
- 1 EL Zitronensaft
- 150 g Magerquark
- 60 ml Kefir
- 60 ml Olivenöl
- 1 TL Bockshornklee
- Salz
- 300 g Spinat, TK, aufgetaut
- 125 g Mozzarella
- ¼ Bund frisches Basilikum

Zubereitung

Backofen auf 180 °C Ober-/Unterhitze vorheizen. Muffinblech oder 12 Tassen mit Öl ausstreichen oder Papierförmchen auslegen. In einer Rührschüssel Mehl, Grieß, Backpulver, Zitronensaft, Quark, Kefir, Öl, Bockshornklee und Salz mit dem Rührgerät oder den Händen zu einem Teig verkneten.

Tiefkühlspinat gut ausdrücken, Spinat fein schneiden und unter den Teig heben. Mozzarella in kleine Würfel schneiden, ebenfalls unter den Teig geben.

Teig auf 12 Portionen verteilen. Blech auf die mittlere Schiene in den Backofen schieben und 30 Minuten backen. Zum Schluss mit abgezupftem Basilikum bestreuen.

TIPP

Bockshornklee, auch Schabzigerklee genannt, gibt es im Gewürzregal. Es eignet sich gut als Brotgewürz.

Gerollter Wrap

Pikant und fruchtig

Zubereitungszeit: 15 Minuten

Eine Portion enthält:

379 kcal	49,5 g Kohlenhydrate
13 g Eiweiß	11 g Ballaststoffe
13,5 g Fett	

Zutaten für 2 Portionen

- 50 g Mini-Salatmischung (z. B. Rote-Bete-Blätter, Mangold, Spinat, Feldsalat)
- ½ Granatapfel
- 1 Karotte
- 1 Minigurke
- 2 Vollkorn-Weizenwraps
- 6 Falafel
- 100 g saure Sahne
- 2 Stängel Dill
- Salz, Pfeffer
- 1 TL Sesamsamen

Zubereitung

Salat waschen, in ein Sieb geben und trocken schütteln. Den Granatapfel halbieren und die Kerne mit einem Löffel herausklopfen. Karotte waschen, schälen und auf der Küchenreibe grob reiben. Gurke waschen und in Scheiben schneiden.

Wrap kurz nach Anleitung erwärmen und jeweils auf einen kleinen Bogen Brotpapier legen, in der Mitte mit Falafel, Salat, geriebenen Karotten und Gurkenscheiben belegen.

Saure Sahne und fein geschnittenen Dill mit Salz und Pfeffer zu einem Dip vermischen. Den Dip und die Sesamsamen zum Schluss hinzufügen, dann die Wraps aufrollen. Das Papier mit einem Band fixieren, damit es nicht aufrollt.

TIPP

Fertig gekaufte Wraps halten oft nicht lange frisch, wenn die Verpackung geöffnet ist. Übrige Wraps von beiden Seiten in der Pfanne aufbacken, dann werden sie knusprig und ergeben mit einem selbstgemachten Dip einen leckeren Snack.

Gefüllte Boller

Brötchen mit Fleisch-Füllung

Zubereitungszeit: 25 Minuten
Backzeit: 15 Minuten

Eine Portion enthält:

191 kcal	17 g Kohlenhydrate
11 g Eiweiß	2 g Ballaststoffe
8,5 g Fett	

Zutaten für 12 Portionen

300 g Dinkelvollkornmehl
1 gestr. TL Backpulver
150 g Magerquark
60 ml Bier
60 ml Öl
2 Eier
Salz, Pfeffer
Brotgewürz
1 EL Öl
250 g Rinderhack
½ TL Majoran
2 EL Tomatenmark
100 ml Gemüsebrühe
1 EL Sesamsamen

Zubereitung

Backofen auf 180 °C Ober-/Unterhitze vorheizen, Backblech mit Backpapier auslegen. Mehl und Backpulver in einer Rührschüssel vermengen, Quark, Bier, 60 ml Öl, 1 Ei, Salz, Pfeffer und Brotgewürz hinzufügen und mit den Knethacken zu einem Teig verkneten.

1 EL Öl in der Pfanne erhitzen. Hack mit Gewürzen und Tomatenmark vermischen und in der Pfanne anbraten, mit Gemüsebrühe ablöschen und 10 Minuten braten.

Den Teig in 12 gleich große Teile teilen, kreisrunde Fladen formen, das Hack in die Mitte geben. Mit feuchten Händen daraus Kugeln formen und auf das Backblech setzen. 1 Ei verquirlen, Kugeln damit bestreichen, Sesam darüberstreuen.

Das Blech in den Ofen auf die mittlere Schiene schieben und etwa 15 Minuten backen.

TIPP

Schmeckt sehr gut mit einem Kräuterquark dazu.

Mini-Frittatas

Aus der Muffinform

Zubereitungszeit: 25 Minuten
Backzeit: 25 Minuten

Eine Portion enthält:

62 kcal	4,5 g Kohlenhydrate
5 g Eiweiß	1 g Ballaststoffe
2,5 g Fett	

Zutaten für 12 Portionen

- 2 Eier
- 200 ml Milch, 1,5 % Fett
- 1 Prise Muskat
- Salz, Pfeffer
- 2 Lauchzwiebeln
- 1 TL Öl
- 250 g feine Erbsen, TK, aufgetaut
- 200 g körniger Frischkäse

Zubereitung

Backofen auf 175 °C Ober-/Unterhitze vorheizen. Ein Muffinblech mit 12 Papierförmchen auslegen. Eier, Milch, Muskat, Salz und Pfeffer verrühren.

Lauchzwiebeln säubern und in Ringe schneiden. Öl in der Pfanne erhitzen und Zwiebeln darin anschwitzen. Die Erbsen mit den Lauchzwiebeln und dem Frischkäse unter die Eiermilch rühren.

Alles auf die Muffinförmchen verteilen und im Backofen auf der mittleren Schiene etwa 25 Minuten backen.

TIPP

Wer Papierförmchen nimmt, sollte sehr stabile wählen oder zwei Förmchen in eine Mulde legen, denn die Frittatas sind sehr feucht. Am besten klappt es mit Förmchen aus Silikon.

Kartoffel „to go" mit Kresse-Quark

Frühlingsgemüse für die Füllung

Zubereitungszeit: 45 Minuten

Eine Portion enthält:

329 kcal	44 g Kohlenhydrate
16 g Eiweiß	6 g Ballaststoffe
9 g Fett	

Zutaten für 2 Portionen

- 2 große Kartoffeln, mehligkochend
- 100 g Radieschen
- 1 kleine Salatgurke
- 2 EL Kresse
- 100 g Magerquark
- 50 g Joghurt, 1,5 % Fett
- Salz, Pfeffer
- 1 EL Leinöl
- 2 EL Sesamsamen

Zubereitung

Kartoffeln waschen und 30 Minuten kochen. Anschließend mit einem Messer oben der Länge nach tief einschneiden und noch heiß in Alufolie einwickeln.

Radieschen putzen, waschen und auf der Küchenreibe grob reiben. Gurke waschen und ebenfalls auf der Küchenreibe grob reiben. Quark, Joghurt, Salz, Pfeffer, Öl glatt rühren, das Gemüse unterheben.

Gemüsequark auf zwei gut verschließbare Gläser verteilen, Kresse und Sesam darüberstreuen.

TIPP

In der Alufolie hält sich die heiße Kartoffel für einige Stunden warm. Wer die Kartoffel unterwegs essen will, muss nur die Folie aufwickeln und kann sie gleichzeitig als „Teller" für Kartoffel und Quark verwenden.

AUFSTRICHE UND DIPS

Roter Dip aus Kichererbsen

Kräftiger Geschmack durch getrocknete Tomaten

Zubereitungszeit: 2 Stunden
Einweichzeit: mindestens 6 Stunden

Eine Portion enthält:

120 kcal	17,5 g Kohlenhydrate
5 g Eiweiß	4,5 g Ballaststoffe
4,5 g Fett	

Zutaten für 4 Portionen

100 g getrocknete Kichererbsen
30 g Tomatenmark
90 g getrocknete Tomaten in Öl
1 EL Tahini (Sesammus)
2 EL Zitronensaft
Kreuzkümmel
Salz, Pfeffer

Zubereitung

Kichererbsen in eine Schüssel geben, Wasser hinzufügen, bis die Erbsen bedeckt sind, über Nacht stehen lassen. Vor dem Zubereiten das Wasser abgießen.

Kichererbsen mit frischem Wasser in einem Topf aufkochen und 90 Minuten köcheln lassen, bis sie weich sind. Anschließend in ein Sieb geben und die Haut von den Kernen entfernen, damit der Aufstrich besonders cremig wird.

Tomaten aus dem Glas nehmen, abtropfen lassen, 2 EL Öl aufheben. Die Tomaten in sehr feine Würfel schneiden und zur Seite legen. Öl, Tomatenmark, Tahini und Kichererbsen in ein hohes Gefäß geben und mit dem Pürierstab fein pürieren.

Mit Zitronensaft, Kreuzkümmel, Salz, Pfeffer abschmecken und die Tomatenwürfel unterrühren.

TIPP

Dieser Dip passt als Brotaufstrich, für Wraps und zu Knäckebrot.

Linsen-Karotten-Streich

Hülsenfrüchte aufs Brot

Zubereitungszeit: 30 Minuten

Eine Portion enthält:

53 kcal	5 g Kohlenhydrate
3 g Eiweiß	2,5 g Ballaststoffe
2 g Fett	

Zutaten für 8 Portionen

- 60 g getrocknete rote Linsen
- 100 ml Gemüsebrühe
- 30 g Tahini (Sesammus)
- 1 Karotte
- 1 EL Hefeflocken
- 1 TL Apfelessig
- Salz, Pfeffer
- Paprikapulver, edelsüß
- 1 Handvoll Kresse

Zubereitung

Linsen kurz abspülen und mit der Gemüsebrühe aufkochen, leicht köcheln lassen, bis sie sehr weich sind. Falls die Brühe zu schnell verkocht ist, esslöffelweise Wasser zufügen, aber nur wenig, denn der Aufstrich wird sonst zu flüssig.

Die gegarten Linsen mit Tahini in ein hohes Gefäß geben und kurz pürieren. Die Karotte auf der Küchenreibe fein reiben, unter das Linsenpüree rühren. Mit Hefeflocken, Apfelessig, Salz, Pfeffer und Paprikapulver abschmecken. Petersilie zupfen, fein schneiden und hinzufügen.

TIPP

Der Linsen-Karotten-Streich schmeckt auch mit Erdnussmus sehr lecker.

Tomaten-Basilikum-Frischkäse

Auch ohne Brot als Snack

Zubereitungszeit: 15 Minuten

Eine Portion enthält:

24 kcal	1 g Kohlenhydrate
3 g Eiweiß	0 g Ballaststoffe
1 g Fett	

Zutaten für 8 Portionen

- 3–4 Tomaten
- 100 g Magerquark
- 100 g körniger Frischkäse
- Kräutersalz, Pfeffer
- 2 Stängel frischer Basilikum

Zubereitung

Tomaten waschen, Stielansatz mit einem spitzen Messer herausschneiden und auf der Oberseite die Schale kreuzartig anritzen.

In einem Kochtopf wenig Wasser aufkochen und die Tomaten dort hineinstellen, so dass man die Oberseite sehen kann. Wenn die Tomatenschale anfängt sich zu lösen, die Tomaten mit einer Schaumkelle aus dem Topf nehmen, auf ein Küchenbrett legen und auskühlen lassen. Die Schale vorsichtig mit dem Messer abziehen. Die Tomaten halbieren, Kerne mit einem Löffel entfernen. Das restliche Fruchtfleisch in feine Würfel schneiden.

Quark, Frischkäse und Gewürze miteinander vermischen. Basilikum in feine Streifen schneiden und unter den Käse rühren. Zum Schluss die Tomatenwürfel ebenfalls vorsichtig unterrühren.

TIPP

Wenn die Kerne und die Schale der Tomaten entfernt werden, werden sie besser vertragen.

Brokkoli-Pesto

Eine leichte Variante

Zubereitungszeit: 15 Minuten

Eine Portion enthält:

94 kcal	2 g Kohlenhydrate
3 g Eiweiß	1,5 g Ballaststoffe
8 g Fett	

Zutaten für 8 Portionen

300 g Brokkoliröschen
3 EL Walnussöl
50 g Walnüsse
½ Bund frisches Basilikum
2 EL Zitronensaft
Salz, Pfeffer
1 EL Hefeflocken

Zubereitung

Etwas Wasser im Topf erhitzen, Brokkoli hineingeben und 5 Minuten darin garen. In ein Sieb geben und abkühlen lassen. Brokkoli, Walnussöl, Walnüsse, abgezupfte Basilikumblätter in ein hohes Gefäß geben und mit dem Pürierstab pürieren. Zitronensaft, Salz, Pfeffer und Hefeflocken zugeben und das Pesto damit abschmecken.

TIPP

Das Brokkoli-Pesto ist in einem gut verschließbaren Gefäß im Kühlschrank für einige Tage haltbar.

Hausgemachte Rhabarberkonfitüre

Banane mildert die Säure des Rhabarbers

Zubereitungszeit: 40 Minuten

Eine Portion (20 g) enthält:

33 kcal	8 g Kohlenhydrate
0 g Eiweiß	0,5 g Ballaststoffe
0 g Fett	

Zutaten für 3 Gläser (à 200 g)

- 400 g Rhabarber, rotstielig
- 200 g Banane
- ½ Vanilleschote oder 1 Pck. Vanillezucker
- 5 g Pektin
- 250 g Zucker oder Honig

Zubereitung

Rhabarber putzen, waschen und in 5 cm große Stücke schneiden. Banane schälen, in Stücke brechen und mit dem Rhabarber in einen Kochtopf geben.

Vanilleschote auskratzen, mit Pektin und Zucker oder Honig vermischen, über die Früchte streuen und alles gut miteinander vermengen. Etwa 20 Minuten stehen lassen, bis der Zucker Saft gezogen hat.

Aufkochen und nochmals kräftig durchrühren, bis der Rhabarber zerfällt. Etwa 3 Minuten kochen, dann etwas von der Konfitüre auf einen flachen Teller geben und überprüfen, ob die Flüssigkeit geliert. Ansonsten noch etwas weiterkochen, bis die Probe gelingt.

Die heiße Konfitüre in 4 saubere Schraubgläser abfüllen.

TIPP

Nach dem Abfüllen Konfitüre für einige Minuten über Kopf stehen lassen, dann wieder wenden. Wenn man ein Knacken hört, sind die Gläser gut verschlossen und lassen sich mindestens ein halbes Jahr aufbewahren.

Himbeer-Honigmelonen-Konfitüre

Mit Kokosraspeln

Zubereitungszeit: 40 Minuten

Eine Portion (20 g) enthält:

30 kcal	6 g Kohlenhydrate
0 g Eiweiß	0,5 g Ballaststoffe
0 g Fett	

Zutaten für 3 Gläser (à 200 g)

300 g Himbeeren
300 g Honigmelone
30 ml Zitronensaft
½ Beutel Gelierfix
40 g Kokosraspeln
150 g Rohrzucker

Zubereitung

Himbeeren kurz mit kaltem Wasser abbrausen. Honigmelone in Spalten schneiden, die Kerne entfernen, Schale abschneiden und das Fruchtfleisch in Würfel schneiden. Obst und Zitronensaft in einen Kochtopf geben und mit einem Pürierstab fein pürieren.

Gelierfix mit dem Zucker vermischen und über das Obstpüree streuen. Unter ständigem Rühren die Konfitüre aufkochen und ca. 3 Minuten kochen, dann etwas von der Konfitüre auf einen flachen Teller geben und überprüfen, ob die Flüssigkeit geliert. Anschließend die Kokosraspeln unterrühren.

Die heiße Konfitüre in 4 saubere Schraubgläser abfüllen.

TIPP

Gelierfix bekommen Sie im Supermarkt. Das Pulver lässt sich leicht unter jede beliebige Zuckerart rühren und bietet eine Alternative zum weißen Raffinade-Gelierzucker.

Orangen-Mandel-Creme

Süß-nussiger Aufstrich

Zubereitungszeit: 15 Minuten

Eine Portion (20 g) enthält:

55 kcal	5 g Kohlenhydrate
1 g Eiweiß	2 g Ballaststoffe
3 g Fett	

Zutaten für 1 Glas (200 ml)

- 1 EL Speisestärke
- 40 g Zucker
- 2 Orangen, frisch gepresst (120 ml Orangensaft)
- 30 ml Zitronensaft, frisch gepresst
- 2 EL Mandelmus
- 1 EL Kokosfett

Zubereitung

Speisestärke und Zucker gut vermischen, den Saft hinzufügen und alles miteinander im Kochtopf unter Rühren aufkochen. Nach und nach das Mandelmus und dann das Kokosfett unterrühren.

Sofort die heiße Creme in ein verschließbares Glas abfüllen. Wenn die Creme abgekühlt ist, im Kühlschrank aufbewahren.

TIPP

Kokosfett macht den Aufstrich etwas cremiger. Wer es flüssiger mag, lässt das Kokosfett einfach weg.

SOSSEN

Leichte Grundsoße mit Mehlschwitze

Grundlage für Soßen und Suppen

Zubereitungszeit: 20 Minuten

Eine Portion enthält:

93 kcal	7 g Kohlenhydrate
2 g Eiweiß	0 g Ballaststoffe
6 g Fett	

Zutaten für 2 Portionen

10 g Margarine oder Öl
10 g Mehl
200 ml Gemüsebrühe
50 ml Milch, 1,5 % Fett

Zubereitung

Margarine in einem Kochtopf bei mittlerer Hitze schmelzen. Das Mehl einstreuen und dabei mit dem Kochlöffel gleichmäßig rühren, damit Fett und Mehl sich gut verbinden und alles eine goldgelbe Farbe annimmt.

Die warme Gemüsebrühe esslöffelweise in den Topf geben, dabei immer zügig weiterrühren, damit es keine Klümpchen gibt. Zum Schluss die Milch hinzufügen und nochmals aufkochen. Jetzt kann nach Geschmack mit Kräutern und Gewürzen gewürzt werden.

Leichte Grundsoße ohne Mehlschwitze

Fettärmere Grundlage für Soßen und Suppen

Zubereitungszeit: 15 Minuten

Eine Portion enthält:

93 kcal	7 g Kohlenhydrate
2 g Eiweiß	0 g Ballaststoffe
6 g Fett	

Zutaten für 2 Portionen

200 ml Gemüsebrühe
2 EL Speisestärke
50 ml Milch, 1,5 % Fett
Salz, Pfeffer
Muskat
1 EL Öl

Zubereitung

Gemüsebrühe im Kochtopf aufkochen. In einer kleinen Schale Speisestärke und Milch miteinander verrühren, dann zügig unter die Brühe rühren und nochmals für eine Minute aufkochen. Mit Salz, Pfeffer, Muskat und Öl abschmecken.

TIPP

Als Geschmacksvarianten kann Senf, Tomatenmark, Meerrettich, Kräuter oder ein Eigelb hinzugefügt werden.

Kräutersoße

Angedickt mit Vollkornmehl

Zubereitungszeit: 20 Minuten

Eine Portion enthält:

142 kcal	12 g Kohlenhydrate
3 g Eiweiß	1,5 g Ballaststoffe
9 g Fett	

Zutaten für 2 Portionen

- 1 Bund Kräuter (z. B. Petersilie, Schnittlauch, Liebstöckel, Kerbel)
- 1 EL Margarine
- 2 EL Weizenvollkornmehl
- 220 ml Gemüsebrühe
- 50 ml Milch, 1,5 % Fett
- Salz, Pfeffer
- 2 EL saure Sahne

Zubereitung

Kräuter kurz mit kaltem Wasser abbrausen, trocken schütteln und fein schneiden. Margarine im Topf schmelzen und das Mehl einrühren. Für einige Minuten anschwitzen, dann unter kräftigem Rühren nach und nach die Gemüsebrühe einrühren. Milch, Salz, Pfeffer und Kräuter hinzufügen, aufkochen und zum Schluss die saure Sahne einrühren.

TIPP

Diese Soße eignet sich für warme Fleisch-, Fisch- und Gemüsegerichte.

Quark-Dip für Snackgemüse

Cremiger Dip mit Kräutern

Zubereitungszeit: 20 Minuten

Eine Portion enthält:

81 kcal	5 g Kohlenhydrate
9 g Eiweiß	0,5 g Ballaststoffe
2 g Fett	

Zutaten für 2 Portionen

- 100 g Magerquark
- 100 g Joghurt, 1,5 % Fett
- 1 EL Zitronensaft
- Salz
- 1 Bund frische Kräuter (z. B. Petersilie, Schnittlauch, Basilikum, Kerbel, Dill)
- 1 EL Saaten (z. B. Sesam, Leinsamen, Sonnenblumenkerne, Kürbiskerne)

Zubereitung

Quark und Joghurt miteinander glatt rühren. Zitronensaft und Salz hinzufügen und abschmecken. Kräuter kurz mit kalten Wasser abbrausen, trocken schütteln, fein schneiden und unterrühren.

TIPP

Wer mag kann, fein gewürfelte Tomaten oder Gurke in den Dip geben.

Joghurt-Dressing für Salate

Milde Säure mit frischen Kräutern

Zubereitungszeit: 10 Minuten

Eine Portion enthält:

55 kcal	2,5 g Kohlenhydrate
2 g Eiweiß	0 g Ballaststoffe
4 g Fett	

Zutaten für 4 Portionen

150 g saure Sahne
Saft einer Zitrone
60 ml Buttermilch
Salz, Pfeffer
1 Prise Zucker
1 Bund frische Kräuter (z. B. Petersilie, Schnittlauch, Basilikum, Kerbel, Dill)

Zubereitung

Saure Sahne, Zitronensaft und Buttermilch miteinander glatt rühren. Mit Salz, Pfeffer und Zucker abschmecken. Kräuter kurz mit kaltem Wasser abbrausen, trocken schütteln und fein schneiden. Alles miteinander mit einem Pürierstab fein pürieren, dann wird es besonders cremig.

TIPP

Das fertige Dressing kann in einem sauberen Glasgefäß für einige Tage im Kühlschrank aufbewahrt werden.

Tomaten-Dressing für Salate

Cremig und fruchtig

Zubereitungszeit: 10 Minuten

Eine Portion enthält:

103 kcal	3,5 g Kohlenhydrate
2 g Eiweiß	0 g Ballaststoffe
9 g Fett	

Zutaten für 4 Portionen

200 g saure Sahne
Saft einer Zitrone
2 EL Tomatenmark
½ TL Agavensirup
Kräutersalz, Pfeffer

Zubereitung

Saure Sahne, Zitronensaft, Tomatenmark und Sirup miteinander glatt rühren. Mit Salz und Pfeffer abschmecken. Kräuter kurz mit kaltem Wasser abbrausen, trocken schütteln und fein schneiden. Alles miteinander mit einem Pürierstab fein pürieren, damit es besonders cremig wird.

TIPP

Das fertige Dressing kann in einem sauberen Glasgefäß für einige Tage im Kühlschrank aufbewahrt werden.

GEBÄCK UND TORTEN

Aprikosentorte

Leichte Quarksahne mit Frucht

Zubereitungszeit: 25 Minuten
Backzeit: 18–20 Minuten
Kühlzeit: 60 Minuten

Eine Portion enthält:

225 kcal	27,5 g Kohlenhydrate
8 g Eiweiß	1 g Ballaststoffe
9 g Fett	

Zutaten für 8 Portionen

- Fett für die Form
- 60 g Zucker
- 1 EL Vanillezucker
- 1 TL geriebene Zitronenschale (bio)
- 2 Eier
- 50 g Weizenmehl
- ½ TL Backpulver
- 20 g Speisestärke
- 200 g Aprikosen aus der Dose, abgetropft, ungesüßt
- 4 Blatt Gelatine
- 200 g Sahne
- 5 EL Orangensaft oder Saft von den Aprikosen
- 50 g Zucker
- 200 g Magerquark
- Puderzucker

Zubereitung

Eine Springform (Durchmesser 20 cm) mit Backpapier auslegen und die Seiten einfetten. Backofen auf 180 °C Ober-/Unterhitze vorheizen. Zucker, Vanillezucker und geriebene Zitronenschale mischen.

In einer Rührschüssel mit dem Handrührgerät erst die Eier ca. 1 Minute schaumig schlagen, dann weiterrühren, den gemischten Zucker langsam einrieseln lassen und weiterrühren, bis sich der Zucker gelöst hat.

Mehl, Backpulver und Speisestärke mischen und ebenfalls löffelweise unter die Eiermasse rühren. Den Teig in die Springform geben, glattstreichen und auf mittlerer Schiene 18–20 Minuten backen. Die Aprikosen in ein Sieb geben, abtropfen lassen und eventuell die Flüssigkeit auffangen.

Nach dem Backen die Backform auf das Kuchengitter setzen und abkühlen lassen. Den Ring der Backform entfernen und den Boden einmal waagerecht in der Mitte durchschneiden, so dass zwei Böden entstehen. Den unteren Boden auf einen flachen Teller legen und den Backring wieder um den Boden legen. Acht halbe Aprikosen für die Deko zur Seite stellen, den restlichen Teil der Früchte auf dem Boden verteilen.

Gelatine in etwas kaltem Wasser 5 Minuten einweichen. Sahne mit dem Handrührgerät steif schlagen, Gelatine zum Auflösen ins Wasserbad geben, Saft zugeben, Zucker unterrühren und mit dem Quark vermischen. Vorsichtig die Sahne unterheben und die Masse auf den vorbereiteten Boden geben.

Den oberen Boden umgedreht auf die Sahnemasse legen und mit Puderzucker bestreuen. Die restlichen Früchte auf der Torte anrichten. Torte für eine Stunde kühl stellen, dann kann sie in 8 Stücke geschnitten werden.

Erdbeerkuchen vom Blech

Schön frisch und saftig

Zubereitungszeit: 25 Minuten
Backzeit: 18–20 Minuten
Kühlzeit: 60 Minuten

Eine Portion enthält:

293 kcal	36 g Kohlenhydrate
9 g Eiweiß	2 g Ballaststoffe
13 g Fett	

Zutaten für 16 Stück

Für den Teig
- 1 unbehandelte Limette
- 125 g Zucker
- 2 EL Vanillezucker
- 4 Eier
- 125 g Weizenmehl
- 1 TL Backpulver
- 40 g Speisestärke

Für die Creme
- 125 g Erdbeeren
- 8 Blatt Gelatine
- 125 g Zucker
- 400 g Joghurt, 1,5 % Fett
- 400 ml Sahne

Für das Topping
- 500 g Erdbeeren
- 20 g Speisestärke
- 40 ml Limettensaft
- 50 g Zucker
- 100 g Pistazie, gehackt

Zubereitung

Ein Backblech (30 x 40 cm) mit Backpapier auslegen. Backofen auf 180 °C vorheizen.

Teig: Limettenschale reiben und mit Zucker und Vanillezucker mischen. In einer Rührschüssel mit dem Handrührgerät erst die Eier ca. 1 Minute schaumig schlagen, dann weiterrühren, den gemischten Zucker langsam einrieseln lassen und weiterrühren, bis sich der Zucker gelöst hat. Mehl, Backpulver und Speisestärke mischen und ebenfalls löffelweise unter die Eiermasse rühren.

Den Teig auf das Backblech geben, glattstreichen und auf mittlerer Schiene 15–18 Minuten backen. Nach dem Backen das Blech auf ein Kuchengitter setzen und abkühlen lassen.

Creme: 125 g Erdbeeren fein pürieren. Gelatine in etwas kaltem Wasser 5 Minuten einweichen. Sahne mit dem Handrührgerät steif schlagen, Gelatine leicht ausdrücken, zum Auflösen ins Wasserbad geben, Zucker unterrühren und mit dem Joghurt vermischen. Vorsichtig die Sahne unterheben, die Masse auf den vorbereiteten Boden geben und glatt streichen. Kühl stellen, bis die Masse anfängt, fest zu werden.

Topping: Die Erdbeeren putzen, waschen und vierteln. Speisestärke mit 2 EL Wasser und Limettensaft anrühren und in einem Topf kurz aufkochen. Erdbeeren und Zucker unterrühren, nochmals kurz aufkochen, den Topf zur Seite stellen. Die Erdbeeren etwas abkühlen lassen und dann auf dem Blechkuchen verteilen. Kuchen mit Pistazien bestreuen und nochmals für eine Stunde kühl stellen. Dann den Kuchen in 16 Stücke schneiden.

Beeren-Charlotte

Nicht nur ein Augenschmaus

Zubereitungszeit: 25 Minuten
Kühlzeit: 60 Minuten

Eine Portion enthält:

244 kcal	28 g Kohlenhydrate
7 g Eiweiß	1 g Ballaststoffe
12 g Fett	

Zutaten für 8 Portionen

- 25 Löffelbiskuits
- 20 g Margarine
- 200 g Sahne
- 200 g Magerquark
- 1 EL Orangensaft
- 50 g Zucker
- 1 TL Gelatine fix
- 200 g Heidelbeeren
- frische Minze

Zubereitung

Den Boden einer Springform (Durchmesser 20 cm) mit Backpapier auslegen. Löffelbiskuits um ein Drittel kürzen und um den Rand aufstellen. Die restlichen Löffelbiskuits mit der Margarine verkneten und auf den Boden drücken.

Sahne steif schlagen. Quark, Orangensaft und Zucker glatt rühren und die Sahne vorsichtig unterheben. Masse auf zwei Schüsseln verteilen.

Ein Drittel der Beeren und die Gelatine mit dem Pürierstab fein pürieren und unter den einen Teil der Quark-Sahne-Masse heben, dann auf den Boden der Charlotte streichen. Den zweiten Teil der Masse als obere Schicht ebenfalls in die Charlotte füllen.

Beeren-Charlotte für eine Stunde kühl stellen, dann kann sie angeschnitten werden. Vor dem Servieren die restlichen Früchte auf der Charlotte verteilen und mit frischer Minze verzieren.

TIPP

Die Charlotte sollte am gleichen Tag der Zubereitung verzehrt werden, sonst wird der Rand zu weich.

Buttermilch-Zitronenkuchen mit Frosting

Mit vollem Zitronenaroma

Zubereitungszeit: 25 Minuten
Backzeit: 30 Minuten

Eine Portion enthält:

237 kcal	30 g Kohlenhydrate
5,5 g Eiweiß	1 g Ballaststoffe
10,5 g Fett	

Zutaten für 1 Blech (20 Stück)

- 3 Eier
- 150 g Zucker
- 1 Pck. Vanillezucker
- Salz
- 200 g Weizenmehl, Type 1050
- 200 g Weizenmehl, Type 550
- 50 g Speisestärke
- 1 Pck. Backpulver
- 200 g saure Sahne
- 150 ml Rapsöl
- geriebene Schale und Saft einer Zitrone (bio)
- 300 g fettarmer Frischkäse
- 80 g Puderzucker
- 2 kleine Zitronen

Zubereitung

Ein Backblech (30 x 40 cm) mit Backpapier auslegen. Backofen auf 180 °C Ober-/Unterhitze vorheizen. Eier, Zucker, Vanillezucker und Salz mit dem Handrührgerät in einer Rührschüssel schaumig rühren.

Mehl, Stärke und Backpulver mischen, kurz unter die Eiermasse rühren. Saure Sahne, Öl, Zitronensaft und Zitronenschale hinzufügen und alles gründlich zu einem Teig verrühren. Teig auf das Backblech gleichmäßig verteilen und auf mittlerer Schiene ca. 30 Minuten backen.

Nach dem Backen das Blech auf ein Kuchengitter stellen und auskühlen lassen. Frischkäse mit Puderzucker verrühren und auf den Zitronenkuchen streichen. Zitrone waschen und in 20 feine Zitronenscheiben schneiden. Diese auf dem Blech verteilen und den Kuchen in 20 Stücke schneiden.

TIPP

Die „ Glasur" wird nicht so fest, wie wenn sie nur mit Zitronensaft und Zucker zubereitet wird. Aber der Geschmack vom Frischkäse passt zur Säure der Zitrone sehr gut.

Johannisbeerkuchen mit Guss

Süßer Guss für saure Beeren

Zubereitungszeit: 20 Minuten
Backzeit: 30–35 Minuten

Eine Portion enthält:

182 kcal	20 g Kohlenhydrate
5,5 g Eiweiß	3,5 g Ballaststoffe
8,5 g Fett	

Zutaten für 1 Blech (20 Stück)

- 300 g Weizenvollkorn
- 1 TL Backpulver
- 150 g Magerquark
- 60 ml Milch, 1,5 % Fett
- 60 ml Rapsöl
- 105 g Zucker
- 1 Pck. Vanillezucker
- 1 kg Johannisbeeren
- 20 g gemahlene Mandeln
- 3 Eier
- 40 g Weizenvollkornmehl
- 400 g saure Sahne

TIPP

Nach dem Backen gut auskühlen lassen und mit einem Küchentuch abdecken statt luftdicht abzuschließen: So bleibt der Guss länger knusprig!

Zubereitung

Ein Backblech (30 x 40 cm) mit Backpapier auslegen. Backofen auf 180 °C Ober-/Unterhitze vorheizen. Mehl und Backpulver in einer Schüssel mischen, Quark, Milch, Öl, 75 g Zucker und Vanillezucker zugeben und alles miteinander mit den Händen oder den Knethaken zu einem geschmeidigen Teig verkneten. Teig auf der Arbeitsfläche ausrollen und auf das Backblech legen.

Johannisbeeren säubern, das Mandelmehl unter die Beeren mischen und auf dem Teig gleichmäßig verteilen. Die Eier trennen, das Eiweiß mit dem Küchengerät in einer hohen Rührschüssel steif schlagen und zur Seite stellen. In einer anderen Rührschüssel das Eigelb mit dem restlichen Zucker und den übrigen Zutaten gut verrühren und das Eiweiß unterheben.

Den Guss auf die Beeren geben und das Backblech in den Backofen schieben. Auf der mittleren Schiene etwa 30–35 Minuten backen.

Haferplätzchen

Leckeres aus der Keksdose

Zubereitungszeit: 20Minuten
Ruhezeit: 30Minuten
Backzeit: 20 Minuten

Eine Portion enthält:

85 kcal	9 g Kohlenhydrate
3 g Eiweiß	1 g Ballaststoffe
4 g Fett	

Zutaten für 20 Portionen

150 g feine Haferflocken
50 g Dinkelvollkornmehl
1 TL Natron
Salz
Zimt
1 EL Zitronensaft
2 EL Honig
1 TL Vanillezucker
100 g Mandelmus
2 Eier

Zubereitung

Haferflocken, Mehl, Backpulver, Salz und Zimt in einer Schüssel vermischen. Alle übrigen Zutaten gut miteinander verrühren und zu den Haferflocken geben. Mit den Händen alles zu einen Teig verkneten und etwa 30 Minuten kalt stellen.

Backofen auf 160 °C Ober-/Unterhitze vorheizen. Backblech mit Backpapier auslegen. Aus dem Teig 20 Kugeln formen und auf das Backblech setzen. Auf der mittleren Schiene 15–20 Minuten backen.

Nach dem Backen kurz abkühlen lassen, vom Papier lösen und zum vollständigen Auskühlen auf ein Kuchengitter legen.

TIPP

Wenn die Kekse am Anfang zu trocken sind, bekommen sie ein Stück Apfelschale mit in die Dose gelegt. Am nächsten Tag sind sie genau richtig.

Limetten-Käsekuchen ohne Backen

Gebäck aus dem Kühlschrank

Zubereitungszeit: 20 Minuten
Quellzeit: ca. 5 Minuten
Ruhezeit: ca. 3 Stunden

Eine Portion enthält:

290 kcal	31 g Kohlenhydrate
10,5 g Eiweiß	1 g Ballaststoffe
13 g Fett	

Zutaten für 12 Portionen

300 g Vollkornbutterkekse
150 g weiche Margarine
12 Blatt weiße Gelatine
500 ml Buttermilch
50 ml Limettensaft
100 g Zucker
500 g Buttermilchquark, 0,5 % Fett
Schale von 2 Bio-Limetten
Minzblättchen

Zubereitung

Eine Springform (Durchmesser 24 cm) am Boden mit Backpapier auslegen. Die Landkekse in einen Gefrierbeutel füllen und mit Hilfe einer Teigrolle zerkleinern. Die Brösel in einer Schüssel mit weicher Margarine verkneten und auf den Boden der Springform drücken.

Eine flache Schüssel mit etwas kaltem Wasser füllen, die Gelatineblätter einzeln hineinlegen und etwa 5 Minuten einweichen, dann herausnehmen und leicht ausdrücken. Im Wasserbad 3 EL von der Buttermilch erhitzen und die Gelatine darin einrühren, bis sie vollständig gelöst ist. Anschließend vom Wasserbad nehmen und zügig in die restliche Buttermilch rühren.

Limettensaft, Zucker, Quark und Streifen einer Limettenschale ebenfalls unterrühren (evtl. einfach die Schale grob reiben, um Streifen zu erhalten). Alles auf den Keksboden füllen und sofort in den Kühlschrank stellen.

Nach mindestens 3 Stunden sollte die Torte so fest sein, dass sie aus der Form genommen werden kann. Die Tortenstücke mit Streifen aus der Limettenschale bestreuen und mit Minzblättchen verzieren.

TIPP

Die Limettentorte kann einfach am Vortag zubereitet werden: Über Nacht wird sie noch fester.

Saftige Dinkel-Hafer-Muffins

Süßes Fingerfood

Zubereitungszeit: 25 Minuten
Backzeit: 25 Minuten

Eine Portion enthält:

208 kcal	24,5 g Kohlenhydrate
4,3 g Eiweiß	2 g Ballaststoffe
10,5 g Fett	

Zutaten für 12 Portionen

- 200 g Dinkelvollkornmehl
- 50 g Haferflocken
- 1 TL Backpulver
- Salz
- 75 g Zucker
- 1 EL Vanillezucker
- 2 Eier
- 150 g Joghurt, 1,5 % Fett
- 100 ml Öl
- 1 Banane
- 4 Tropfen Bittermandelöl
- 1 TL Zimt

Zubereitung

Ein Muffinblech (12 Mulden) oder 12 Kaffeetassen mit Backpapier auslegen. Backofen auf 180 °C Ober-/Unterhitze vorheizen.

Mehl, Haferflocken, Backpulver und Salz in einer großen Rührschüssel mischen. Zucker, Vanillezucker und Eier mit dem Küchengerät schaumig schlagen und mit den Haferflocken vermengen. Joghurt, Öl und Banane mit dem Pürierstab pürieren und ebenfalls unter die Haferflocken rühren, bis alles gut vermengt ist.

Mit zwei Teelöffeln den Teig auf die 12 Portionen verteilen. Das Muffinblech auf ein Gitter stellen und in den Backofen (mittlere Schiene) setzen. Etwa 25 Minuten backen, dann auf dem Kuchengitter auskühlen lassen.

TIPP

Wenn Papierförmchen oder Backpapier für die Muffins verwendet werden, bleibt das Gebäck schön saftig.

Topfkuchen mit Cappuccino und Heidelbeere

Kaffeegeschmack in Kuchenform

Zubereitungszeit: 25 Minuten
Backzeit: ca. 45 Minuten

Eine Portion enthält:

242 kcal	22,5 g Kohlenhydrate
6 g Eiweiß	3,3 g Ballaststoffe
14 g Fett	

Zutaten für 12 Portionen

Fett für die Form
100 g Margarine
50 g Zucker
3 Eier
250 g Weizenmehl, Type 550
½ Pck. Backpulver
Salz
100 g gemahlene Haselnüsse
120 ml Milch, 1,5 % Fett
3 EL lösliches Kaffeepulver
1 EL Kakaopulver
250 g frische Heidelbeeren
Puderzucker

TIPP

Wenn tiefgekühlte Heidelbeeren verwendet werden, diese im gefrorenen Zustand vorsichtig unterheben. Die Backzeit verlängert sich dann um ca. 15 Minuten.

Zubereitung

Eine Gugelhupfform von innen mit Fett bestreichen, Backofen auf 180 °C Ober-/ Unterhitze vorheizen.

Margarine und Zucker in einer Rührschüssel mit dem Küchengerät schaumig rühren, bis sich der Zucker aufgelöst hat. Die Eier aufschlagen und in die Rührschüssel geben. Nochmals rühren, bis alles schaumig ist. Mehl, Backpulver, Salz mischen und abwechselnd mit den gemahlenen Nüssen und der Mich unter den Teig rühren. Zuletzt das Kaffee- und Kakaopulver dazugeben.

Den Teig in die Backform füllen und die gewaschenen und abgetupften Heidelbeeren vorsichtig mit einem Teigschaber unterheben.

Etwa 45 Minuten backen, dann auf dem Kuchengitter 10 Minuten auskühlen lassen, auf eine Platte stürzen und vollständig erkalten lassen. Vor dem Servieren mit Puderzucker bestäuben.

Orientalischer Gewürzkuchen

Ein besonderes Aroma

Zubereitungszeit: 25 Minuten
Backzeit: 35 Minuten
Ruhezeit: 1 Tag

Eine Portion enthält:

150 kcal	19 g Kohlenhydrate
4,5 g Eiweiß	2 g Ballaststoffe
6 g Fett	

Zutaten für 16 Portionen

- 2 Bananen
- 100 g frische Datteln ohne Kern
- 150 g gemahlene Mandeln
- 100 g Weizenmehl, Type 550
- 30 g Weizengrieß
- 1 TL Backpulver
- 1 TL Zimt
- je 1 Msp. Kardamom und Muskat
- 3 Eier
- 100 g Zucker
- 1 TL abgeriebene Zitronenschale (bio)
- Salz
- 1 EL Rosenwasser
- 80 ml Wasser

Zubereitung

Eine Kastenform mit Backpapier auslegen. Backofen auf 180 °C Ober-/Unterhitze vorheizen.

Banane in einer Schüssel mit einer Gabel zerdrücken und schaumig schlagen. Datteln in feine Würfel schneiden und mit der Banane und den gemahlenen Mandeln verrühren. Mehl, Grieß, Backpulver und die Gewürze vermischen, zusammen mit den Eiern, Zucker, Zitronenschale und Salz unter das Bananenpüree rühren.

Den Teig in die Kastenform füllen und auf mittlerer Schiene im Ofen ca. 35 Minuten backen. Nach dem Backen den Kuchen kurz abkühlen lassen, dann das Rosenwasser mit 80 ml Wasser vermengen und über den Teig gießen.

Mindestens einen Tag ruhen lassen, dann kann der Kuchen aufgeschnitten werden.

TIPP

Wenn Sie den Kuchen gut auskühlen lassen und nicht zu früh luftdicht verpacken, hält er ein paar Tage.

Vanillewaffeln

Schnell zubereitet

Zubereitungszeit: 15 Minuten
Backzeit: 5 Minuten

Eine Portion enthält:

228 kcal	20 g Kohlenhydrate
4,5 g Eiweiß	1 g Ballaststoffe
14,5 g Fett	

Zutaten für 8 Portionen

30 g Zucker
1 EL Vanillezucker
2 Eier
Salz
80 ml Öl
150 g Dinkelmehl, Type 1050
1 TL Natron
1 EL Zitronensaft
150 g saure Sahne

Zubereitung

Alle Zutaten nach und nach in einer Rührschüssel mit dem Handrührgerät zu einem Teig verrühren. Den Teig ruhen lassen und in der Zeit das Waffeleisen vorheizen. Eventuell einmal mit etwas Öl einfetten. Aus dem Teig portionsweise 8 Waffeln backen.

TIPP

Dazu passt frisches Obst und Quarksahne.

SÜSSSPEISEN UND EIS

Joghurt-Orangen-Mousse

Enthält viel Eiweiß

Zubereitungszeit: 15 Minuten
Kühlzeit: 20 Minuten

Eine Portion enthält:

155 kcal	21 g Kohlenhydrate
14 g Eiweiß	2,5 g Ballaststoffe
1 g Fett	

Zutaten für 4 Personen

- 200 ml Orangensaft
- 20 g Puderzucker
- 10 g Speisestärke
- 300 g Magerquark
- 100 g Joghurt, 1,5 % Fett
- 200 g Himbeeren

Zubereitung

Vom Orangensaft 2 EL abnehmen, mit dem Zucker und der Speisestärke verrühren. Den restlichen Saft aufkochen, mit der angerührten Stärke binden, nochmals aufkochen lassen, in ein Gefäß geben und im Kühlschrank 20 Minuten abkühlen lassen.

Den Quark mit dem Joghurt verrühren, den angedickten Saft aus dem Kühlschrank nehmen und mit den Rührstäben der Küchenmaschine zügig unterschlagen, so dass eine luftige Masse entsteht.

Himbeeren säubern und mit dem Puderzucker bestäuben. Mousse in zwei Schüsseln geben und mit den Himbeeren servieren.

TIPP

Die Mousse eignet sich sogar zum Einfrieren.

Heidelbeerjoghurt mit Gold-Leinsamen

Für den Magen besonders gut verträglich

Zubereitungszeit: 10 Minuten
Kühlzeit: 3 Stunden

Eine Portion enthält:

171 kcal	25 g Kohlenhydrate
6 g Eiweiß	7 g Ballaststoffe
6 g Fett	

Zutaten für 4 Personen

200 g Joghurt, 1,5 % Fett
200 ml Milch, 1,5 % Fett
2 EL Gold-Leinsamen, geschrotet
400 g frische Heidelbeeren
2 EL Agavensirup

Zubereitung

Joghurt und Milch in einem Gefäß miteinander verrühren, den Leinsamenschrot unterrühren. In den Kühlschrank stellen und 3 Stunden ruhen lassen, bis er etwas andickt.
Die Heidelbeeren putzen, waschen und abtropfen lassen. Vor dem Verzehr mit dem Agavensirup auf den Joghurt geben.

TIPP

Statt goldene Leinsamen können auch Chiasamen verwendet werden.

Bananen-Tiramisu

Eine leichte Variante des leckeren Klassikers

Zubereitungszeit: 20 Minuten
Kühlzeit: 3 Stunden

Eine Portion enthält:

362 kcal	49 g Kohlenhydrate
20 g Eiweiß	2 g Ballaststoffe
9 g Fett	

Zutaten für 4 Personen

- 100 g Löffelbiskuit
- 60 ml Espresso
- 1 EL Vanillesirup
- 2 Bananen
- 1 EL Zitronensaft
- 2 EL Zucker
- 500 g Magerquark
- 4 EL echtes Kakaopulver

Zubereitung

Die Hälfte der Löffelbiskuits in eine eckige Form legen. Espresso und Sirup verrühren und die Hälfte der Mischung auf die Biskuits träufeln.

Bananen schälen und in Stücke schneiden, in ein hohes Gefäß geben, Zitronensaft und Zucker zugeben, mit dem Pürierstab fein pürieren.

Quark mit dem Bananenpüree vermengen und die Hälfte auf die Biskuits verteilen. Dann wieder eine Schicht Löffelbiskuit, Espresso und den Rest der Bananenquarkmasse.

Zum Schluss das Tiramisu mit dem Kakaopulver bestreuen und bis zum Verzehr im Kühlschrank kühlen.

TIPP

Statt Banane können Sie auch die Hälfte des Obstes durch Mango ersetzen: Teilen Sie die Quarkmasse und pürieren Sie eine Hälfte mit Banane, die andere Hälfte für die zweite Schicht mit 125 g Mango.

Mango-Eiscreme

Fruchtig und eiweißreich

Zubereitungszeit: 10 Minuten
Kühlzeit: ca. 3 Stunden

Eine Portion enthält:

61 kcal	11 g Kohlenhydrate
3 g Eiweiß	0 g Ballaststoffe
1 g Fett	

Zutaten für 8 Portionen

300 g Mango
2 EL Honig
200 g Skyr
1 EL Limettensaft

Zubereitung

Die Mango schälen, das Fruchtfleisch in Stücke schneiden und in ein hohes Gefäß geben. Alle übrigen Zutaten zugeben mit dem Pürierstab und sehr fein pürieren.

Eismasse in geeignete Eisförmchen mit Stiel füllen, dabei klopfen, damit sich Luftblasen, die sich eventuell beim Einfüllen bilden, nach oben lösen können. Aufrecht ins Gefrierfach stellen.

Grießflammerie mit Aprikose

Besonders locker mit untergeschlagenem Ei

Zubereitungszeit: 20 Minuten
Quellzeit: 10 Minuten

Eine Portion enthält:

177 kcal	24 g Kohlenhydrate
8 g Eiweiß	2 g Ballaststoffe
6 g Fett	

Zutaten für 4 Portionen

250 g Aprikose, ungezuckert aus der Dose
400 ml Milch, 1,5 % Fett
1 Stück Zitronenschale (bio)
Salz
40 g Vollkornweizengrieß
1 EL Honig
1 Eigelb
2 EL Wasser
1 Eiweiß
Salz
2 EL Pistazie, gehackt

Zubereitung

Aprikosen aus der Dose nehmen und auf einem Sieb gut abtropfen lassen. Milch mit Zitronenschale und Salz aufkochen, Grieß einstreuen und unter ständigem Rühren kurz aufkochen lassen. Topf vom Herd nehmen und in der Nachwärme mit geschlossenem Deckel etwa 10 Minuten quellen lassen.

Zitronenschale aus dem Grieß nehmen, Honig unterrühren. Das Eigelb mit dem Wasser verrühren und unter den Grieß rühren. Eiweiß und eine Prise Salz steif schlagen und zügig unter den Brei heben.

Den Brei auf zwei Schüsseln verteilen, die Aprikosen darauflegen und mit der Pistazie bestreuen.

TIPP

Aprikosen aus der Dose sind bekömmlicher als rohe Früchte. Wer kein Obst aus der Dose möchte, kann die halbierten und entsteinten frischen Früchte mit etwas Wasser in einem Topf etwa 10 Minuten dünsten.

Schokosplittereis

Enthält viel Eiweiß

Zubereitungszeit: 20 Minuten
Kühlzeit: 3 Stunden

Eine Portion enthält:

237 kcal	33 g Kohlenhydrate
10 g Eiweiß	2,5 g Ballaststoffe
7 g Fett	

Zutaten für 4 Portionen

- 1 Banane
- 125 g Kochsahne, 15 % Fett
- 4 EL Puderzucker
- 10 g Gelatine fix
- 150 g Magerquark
- 50 g Zartbitterschokolade, geraspelt

Zubereitung

Banane mit Kochsahne und Puderzucker fein pürieren, Gelatine fix einrühren und dabei kräftig weiterrühren, bis die Masse fest wird.

Den Quark vorsichtig unterrühren, in ein flaches Gefäß geben und einfrieren, dabei alle 30 Minuten kurz mit dem Küchengerät oder einer Gabel durchrühren.

Zartbitterschokolade grob raspeln und beim zweiten Durchrühren unter das halbgefrorene Eis rühren.

TIPP

Durch das mehrfache Rühren während des Gefrierens werden die Eiskristalle zerkleinert und das Eis cremiger.

Kokos-Milchreis mit exotischen Früchten

Kühl und fruchtig-süß

Zubereitungszeit: 20 Minuten
Quellzeit: 20 Minuten

Eine Portion enthält:

168 kcal	29,5 g Kohlenhydrate
4,5 g Eiweiß	2 g Ballaststoffe
3 g Fett	

Zutaten für 4 Portionen

40 g Rundkornreis
Salz
100 ml Kokosdrink
300 ml Buttermilch
Streifen einer Zitronenschale (bio)
4 EL brauner Rohrzucker
125 g Melone
1 Kiwi
100 g Ananas
25 g Kokoschips

Zubereitung

Reis mit einer Prise Salz, Kokosdrink, Buttermilch, einem Streifen einer ungespritzten Zitrone und dem Zucker aufkochen. Unter ständigem Rühren 5 Minuten weiterkochen, dann vom Herd nehmen und in der Nachwärme mit geschlossenem Deckel 20 Minuten quellen lassen.
Das Obst in mundgerechte Stücke schneiden und vermischen. Zitronenschale aus dem Milchreis entfernen, den Zucker unterrühren und den Milchreis auf zwei Schalen verteilen. Mit Obst und Kokoschips garnieren und genießen.

TIPP

Statt Kokoschips eignen sich auch Mandelblätter zum Bestreuen.

Limettenkefir

Erfrischend und schnell zubereitet

Zubereitungszeit: 10 Minuten
Kühlzeit: 30 Minuten

Eine Portion enthält:

156 kcal	25 g Kohlenhydrate
6 g Eiweiß	2 g Ballaststoffe
3 g Fett	

Zutaten für 4 Personen

- 250 ml Kefir
- Saft aus 2 Limetten
- geriebene Schale einer Limette
- 50 g Zucker
- 1 Tüte Gelatine fix
- ½ Mango
- 125 g Johannisbeeren
- 1 TL Puderzucker

Zubereitung

Kefir in ein hohes Gefäß geben, Limettensaft, fein geriebene Limettenschale und Zucker zugeben, mit dem Schneebesen kräftig rühren und die Gelatine dabei einrieseln lassen. 1 Minute weiterrühren, bis die Flüssigkeit fest wird. Kefir 30 Minuten in den Kühlschrank stellen.

Mango in Spalten schneiden und auf 4 flachen Kuchentellern anrichten. Johannisbeeren abspülen und mit Puderzucker bestäuben. Ebenfalls auf den Tellern anrichten.

Limettenkefir aus dem Kühlschrank nehmen, mit dem Esslöffel Nocken abstechen und zum Obst geben.

TIPP

Wer keinen Nocken abstechen möchte, verteilt vor dem Kühlen den Limettenkefir auf 4 Schüsseln und gibt das Obst nach dem Kühlen auf das Dessert.

Erdbeeren mit Vanillecreme

Erfrischend und schnell zubereitet

Zubereitungszeit: 20 Minuten
Kühlzeit: 30 Minuten

Eine Portion enthält:

198 kcal	31 g Kohlenhydrate
6 g Eiweiß	3 g Ballaststoffe
5 g Fett	

Zutaten für 4 Portionen

400 g Erdbeeren, frisch oder tiefgekühlt
2 EL Zucker (je nach Geschmack)
500 ml Milch, 1,5 % Fett
40 g Speisestärke
2 EL Zucker
1 TL gemahlene Vanille
2 EL Pistazie, gehackt

Zubereitung

Wenn frische Erdbeeren verwendet werden, diese putzen und vierteln, dann in eine große Schüssel geben und mit Zucker überstreuen. Tiefgekühlte Früchte können direkt in die Schüssel gegeben werden.

Von der Milch 3 EL abnehmen und mit der Speisestärke und dem Zucker verrühren. Restliche Milch mit der Vanille aufkochen, angerührte Stärke einrühren und nochmals 1 Minute unter ständigem Rühren köcheln lassen.

Den Vanillepudding direkt auf die Erdbeeren geben. Pudding mindestens 30 Minuten kühl stellen, mit Pistazien bestreuen und servieren.

TIPP

Auch andere tiefgekühlte Beerenfrüchte passen gut unter den Vanillepudding.

Schokosoße auf Melone und Mango

Eine leckere Kombination

Zubereitungszeit: 20 Minuten
Kühlzeit: 30 Minuten

Eine Portion enthält:

239 kcal	38 g Kohlenhydrate
6 g Eiweiß	2 g Ballaststoffe
7 g Fett	

Zutaten für 4 Portionen

- 200 g Melone
- 200 g Mango
- 400 ml Milch, 1,5 % Fett
- 4 EL Zucker
- 2 EL Speisestärke
- 50 g Zartbitterkuvertüre
- 2 Tropfen Bittermandelöl
- 2 EL Mandeln, gehackt

Zubereitung

Melone schälen, Kerne entfernen und in Würfel schneiden. Mango schälen, den Stein auslösen und das Fruchtfleisch in Würfel schneiden.

Von der Milch 3 EL abnehmen und mit Zucker und Stärke verrühren. Die restliche Milch, Kuvertüre und Bittermandelöl aufkochen, die angerührte Stärke zugeben und unter ständigem Rühren nochmals 1 Minute köcheln lassen.

Schokosoße im Kühlschrank abkühlen lassen und dann mit den Früchten und den gehackten Mandeln servieren.

TIPP

Die Schokosoße klappt auch mit weißer Kuvertüre.

ANHANG

Adressen, die weiterhelfen

Adressen qualifizierter Ernährungsberater

www.vdd.de
Verband der Diätassistenten – Deutscher Bundesverband (VDD)

www.vdoe.de
BerufsVerband Oecotrophologie e.V. (VDOE)

www.dge.de
Deutsche Gesellschaft für Ernährung e.V. (DGE)

www.vfed.de
Verband für Ernährung und Diätetik e.V. (VFED)

Weiterführende Informationen zur gesunden Ernährung oder speziellen Ernährungsfragen

www.bzfe.de
Bundeszentrum für Ernährung

www.gastro-liga.de
Deutsche Gesellschaft zur Bekämpfung der Krankheiten von Magen, Darm und Leber sowie von Störungen des Stoffwechsels und der Ernährung (Gastro-Liga) e.V.

Rezeptregister

Getränke

Müsli und andere Frühstücksideen

Brot und Brötchen

Suppen

Salate

Hauptgerichte

Kleine Snacks

Aufstriche und Dips

Soßen

Gebäck und Torten

Süßspeisen und Eis

Bibliografische Information der Deutschen Nationalbibliothek
Die Deutsche Nationalbibliothek verzeichnet diese Publikation in der deutschen Nationalbibliografie; detaillierte bibliografische Daten sind im Internet über http://dnb.ddb.de/ abrufbar.

ISBN 978-3-86910-058-6 (Print)
ISBN 978-3-86910-059-3 (PDF)
ISBN 978-3-86910-060-9 (EPUB)

Fotos:
Titelfoto: kasia2003 - stock.adobe.com
Stock.adobe.com: ansyvan: 1; kazoka303030: 6/7; Barbara Pheby: 56/57; emmi: 59; Thomas Francois: 61; anaumenko: 63; chandlervid85: 67; emmi: 69; Fischer Food Design: 75; kostrez: 79; Kanea: 83; Anastasia Izofatova: 89; Daniel Vincek: 93; Barbara Pheby: 97; bit24: 105; bit24: 109; Barbara Pheby: 110; Magrig: 115; HLPhoto: 123; nata_vkusidey: 135; iuliia_n: 137; fahrwasser: 141; pgstudija: 145; A_Lein: 147; Maxamillion: 155; emmi: 157; FomaA: 159; emmi: 161; muh23: 165; Flaffy: 169; harley_: 171; trufelka: 173; nata_vkusidey: 174
Ingo Wandmacher: 127

Eine Marke der Schlüterschen Verlagsgesellschaft mbH & Co. KG
Hans-Böckler-Allee 7, 30173 Hannover
www.humboldt.de
www.schluetersche.de

Lektorat: Linda Strehl, München
Layout: Groothuis, Lohfert, Consorten, Hamburg
Covergestaltung: semper smile Werbeagentur GmbH, München
Satz: Die Feder, Konzeption vor dem Druck GmbH, Wetzlar
Druck und Bindung: Gutenberg Beuys Feindruckerei GmbH, Langenhagen